BUCHBERG VERLAG

Im Süden Mecklenburgs

Radreiseführer durch die Region
Lübz · Plau am See · Goldberg

ausgewählt und beschrieben von
Udo Steinhäuser

LEHM + BACKSTEIN
STRASSE
verwegene Ideen für Mecklenburg

Der Autor bedankt sich für die Mitarbeit und das Bereitstellen von Material bei:
Renate de Veer, insbesondere für Material über Gutshäuser und Backsteinbauten
in der Region (siehe hierzu auch „Gutshäuser in Mecklenburg-Vorpommern",
unveröffentlichte Diplomarbeit, Halle 1995) / Ralf Berg, für Recherchen über
Kirchen und Dorfchroniken / Gerhard Stoßhoff für Material zur Elde und
über Eldeschleusen / Margit Brose, Walter Hilmann und Cornelia Sandow, für
Routenvorschläge und Recherchen über Dorf- und Kirchgeschichten, über Sagen,
über Natur und Kultur in der Region / Roswita Frick, Uwe Mergel, Karl Schulz und
weiteren Mitarbeitern der „Ziegelei Benzin" - Beschäftigungsgesellschaft mbH für
zahllose Zuarbeiten.

Herausgegeben von
Stadt Lübz
Stadt Plau am See
Amt Mildenitz
Amt Plau Land
Amt Ture

Autor: Udo Steinhäuser
Redaktion: „Ziegelei Benzin" - Beschäftigungsgesellschaft mbH

Satz, Gestaltung: Grafik/Design/Layout Silbermann, Wangelin
Karte: Grafik/Design/Layout Silbermann, Wangelin
Fotos: siehe Fotonachweis
Gesamtherstellung: Stadtdruckerei Weidner, Rostock
Printed in Germany
www.BuchbergVerlag.de

ISBN 3-9807459-0-2 (Buch und Karte)

Einladung

Liebe Leserin, lieber Leser,

Sie halten ein Buch in der Hand, das Sie in erster Linie zu Fahrradwanderungen einlädt, Sie aber darüber hinaus natürlich neugierig machen soll auf ein Feriengebiet, das in den großen Tourismusreportagen wenig beachtet wird. Wie lässt sich Geschmack daran entfalten?

Das Feriengebiet in und an der LEHM + BACKSTEINSTRASSE umspannt den südlichen und östlichen Teil des Landkreises Parchim in Mecklenburg-Vorpommern. 1999 wurde die LEHM + BACKSTEINSTRASSE - verwegene Ideen für Mecklenburg - als Ferienroute „freigegeben".

Lehm + Backstein, das werden Sie sehen, sind herausragende Merkmale dieser Region. In fast jedem Ort prägen die Spuren des Lehms und die lange Tradition des Ziegelbrennens das Bild und sind ein Verbindungsglied zwischen den Menschen heute und ihrer Geschichte. Wir laden Sie ein, mit unseren Tourenvorschlägen die LEHM + BACKSTEINSTRASSE zu „erfahren".

Vom Norden her führt der Weg über die Stadt Goldberg, am Rande des Naturparks Nossentiner / Schwinzer Heide entlang, über den Ort Karow in die Stadt Plau am See - ein Eingangstor des Feriengebietes LEHM + BACKSTEINSTRASSE. Der malerische Plauer See bildet die östliche Begrenzung und ist zugleich die Verbindung zur Mecklenburgischen Großseenplatte. Weitere Eingangstore sind vom Süden her der Ort Ganzlin und vom Westen her die Stadt Lübz.

Naturräumlich befinden Sie sich hier im Bereich einer von der jüngsten Eiszeit (Weichselglazial) geformten Landschaft: landschaftlich reizvolle Hügelketten prägen das Gebiet ebenso wie verschiedene Seen, Moore, Heiden und – Steine über Steine.

Vielleicht auch deshalb ist diese Region weniger dicht besiedelt als andere ländliche Räume. Der Landkreis Parchim, zu dem die Ferienregion LEHM + BACKSTEINSTRASSE zählt, hat mit 2233 km² Fläche und 48 Einwohnern/km² die geringste Einwohnerdichte in Westmecklenburg.

Eine schwache Region? Nein, hier können Sie erleben, wie aus vermeintlichen Schwächen Stärken erwachsen sind. Das Feriengebiet LEHM + BACKSTEINSTRASSE wurde Preisträger des TO DO!99. Dieser internationale Wettbewerb mit dem Schwerpunkt „Sozialverantwortlicher Tourismus" hat das Tourismusmodell LEHM + BACKSTEINSTRASSE im Rahmen der Internationalen Tourismus Börse 2000 in Berlin ausgezeichnet.

Wir laden Sie ein in ein Feriengebiet ohne touristische Hochburgen, aber mit vielen kleinen Höhepunkten, gestaltet von den Menschen hier, für sich selbst und für Gäste von nah und fern - und mit viel Natur. Wir zeigen Ihnen eine Region, die sich in ihrem Entwicklungsprozess eigenständig und in sozialer und geselliger Weise gestaltet. Alles zusammen ein Angebot, das die Besonderheiten und Eigensinnigkeiten, Lehm + Backstein, Tradition und Zukunftsvision anschaulich und zum Anfassen für einen spannenden und gleichsam erholsamen Aufenthalt bereithält. Gehen Sie oder besser radeln Sie gemeinsam mit uns in und an der LEHM + BACKSTEINSTRASSE, Sie sind eingeladen auf eine Entdeckungsreise...

... westlich der Mecklenburgischen Großseenplatte, zwischen den Orten Goldberg, mit seinen historischen Backsteinbauten, Plau am See, bekannt als Luftkurort mit seiner jährlichen Badewannenrallye und dem Plauer See, Lübz, die Stadt an der Elde mit Planetarium, mittelalterlichem Stadtkern und (natürlich) dem Lübzer Bier und Ganzlin, noch ein wenig schlummernd, mit historisch interessanten Baudenkmälern und einem Bahnhofsensemble für Eisenbahnfreunde.

Sie kommen in ein junges Feriengebiet, und nicht alles ist so perfekt, wie Sie es vielleicht an anderen Urlaubsorten kennen gelernt haben. Wenn Sie unseren Routen-Empfehlungen folgen, werden Sie Wege mit unterschiedlichen Ausbaugraden vorfinden. Von „sehr gut" bis „sehr schlecht" zu radeln, können wir Ihnen auch hier eine große Vielfalt zusichern. Sie werden aber anhand der Routenbeschreibungen auf Schwierigkeitsgrade hingewiesen und Sie können sich auch immer wichtige Tipps vor Ort holen.

Die Herausgeber bieten Ihnen außerdem zentral gelegene Informationsstellen an. Hier finden Sie Unterstützung bei allen Fragen, die Ihren Aufenthalt in dieser bezaubernden Gegend angenehm gestalten helfen, siehe unter Adressen.

Wir wünschen Ihnen einen erholsamen Aufenthalt.

Stadt Lübz · Stadt Plau am See · Amt Mildenitz · Amt Plau Land · Amt Ture

An der LEHM + BACKSTEINSTRASSE

Lehm ist ein Geschenk der Eiszeit: als Verwitterungsprodukt skandinavischer Gesteine wurde es einst nach Mecklenburg verlagert und prägt heute weite Landstriche. Mecklenburgs Hügelketten, Seen und Moore verdanken also ihre Existenz dem speziellen Gemisch aus Sand und Ton. Lehm bestimmt bis heute die Fruchtbarkeit der Böden und ihre Bearbeitbarkeit. Er beeinflusste über Jahrhunderte die Wirtschaftsweise und Siedlungsgeschichte unseres Raumes. So wirtschafteten die Slawen in grauer Vorzeit mit ihren einfachen, oft hölzernen Ackergeräten vorzugsweise auf den leichten Sandböden. Erst nach der deutschen Ostexpansion bearbeiteten die deutschen Landmänner mit ihren besseren Geräten die schweren, dafür aber fruchtbaren Böden. Schon früh hatten die Menschen Lehm auch als Baustoff für sich entdeckt. Sie errichteten Stampflehm- und Fachwerkhäuser aus dem Rohstoff Lehm. Der gebackene Stein, der Backstein, kam erst viel später dazu.

Die ursprünglichen Baumaterialien in Mecklenburg waren also Holz, Lehm und Feldsteine. Noch heute findet man im Bereich der LEHM + BACKSTEINSTRASSE Stampflehm- oder Fachwerkhäuser, deren Gefache mit Flechtwerk und Lehmbewurf gefüllt sind. In zahlreichen ursprünglichen Dorfkirchen finden wir Feldsteine verbaut. Feldsteine waren einfach zu beschaffen, aber schwer zu bearbeiten. Nur mit großen Mengen Kalkmörtel ließ sich ein haltbares Mauerwerk erstellen.

Erst in der Mitte des 12. Jahrhunderts, mit der einsetzenden Christianisierung, gelangte dann die Kunst des Ziegelbrennens, und damit der sog. Backstein, nach Norddeutschland. Das Gemisch aus Lehm und Ton wurde in eine Holzform „geschlagen" und der Rohling „gestrichen". An der Luft getrocknet, wurden die Rohlinge kunstvoll zu Feldbrandöfen aufgesetzt und gebrannt - aus dem Rohling wurde der Ziegel oder Backstein. Die Ziegel im Inneren dieser einfachen Öfen waren meist von guter Qualität, während die äußere Ziegelschicht nur halb gebrannt war. Der mittelalterliche Ziegelbau bestand denn auch aus zwei Schalen, zwischen denen der Raum mit kleinen Feldsteinen und Ziegelausschuss ausgefüllt war. Der neue Baustoff Backstein fand infolge steigender Bevölkerungszahlen und Städtegründungen vielseitige Verwendung. Insbesondere Kirchen und Befestigungsanlagen entstanden in dieser Zeit. Der selbst gestrichene und gebrannte Ziegel bot nun als Baustein auch neue, bisher ungeahnte Möglichkeiten in der Architektur. Für die bauliche Gliederung und für Schmuckkomponenten konnte man ganz spezielle Formsteine in eigens gefertigten Formkästen streichen. Es gab „ansteigende Formsteine", die zur Herstellung von Pfeilern, Gurtbögen, Rippen, Laibungen, bzw. Gewände der Fenster und Türen dienten, und es gab „umlaufende Formsteine", mit denen Gesimse, Sockel und Abdeckungsschrägen erstellt wurden.

Nachdem der Backstein so eine erste Blüte erlebte und dafür sorgte, dass in Mecklenburg und Vorpommern europäische Kulturgeschichte geschrieben wurde, geriet er in der Renaissance und im Barock in Vergessenheit und war zeitweise sogar verpönt.

Im 19. Jahrhundert kam der Backstein dann zu neuen Ehren. Besonders Baumeister wie Karl Friedrich Schinkel wussten den Backstein gezielt einzusetzen. Ein weiterer wesentlicher Grund für die vermehrte Anwendung von Ziegeln war die Erfindung des Hoffmannschen Ringofens 1848. Erstmals konnten Ziegel nun kontinuierlich in Mengen zu erschwinglichen Preisen gefertigt werden. Nach der Deutschen Reichsgründung 1871 und dem damit einhergehenden wirtschaftlichen Aufschwung wurden besonders die Architekturelemente der Antike in unterschiedlichen „Renaissancespielarten" für die Fassadengestaltung vor allem der Staatsbauten benutzt. Dazu kamen noch Fassadenelemente im „gotischen Stil" und später alle Stilarten der jeweils neuesten Richtungen. Bald wurden sie auch im bürgerlichen Wohnhaus nachgeahmt. Beste Beispiele finden wir in Lübz in der Goldberger Straße.

Für das Bauen auf dem Lande waren eher die Gutshäuser Vorbild. Sie werden auch hierzu einige Beispiele sehen können, insbesondere wenn Sie sich auf die Spuren „alter Herrensitze" begeben.

Mit der 1999 gegründeten LEHM + BACKSTEINSTRASSE hat sich eine Region einen Namen gegeben, die an diese Traditionen anknüpft und mehr als nur Spuren dieser Bau- und Naturstoffe bewahren will. Wir möchten Sie heute einladen, mit uns gemeinsam das Typische dieser Region zu entdecken und zu erleben. Folgen wir also auf unseren Tagesausflügen den Spuren von Lehm und Backstein, erleben wir Geschichtliches ebenso wie Modernes, passieren wir abwechslungsreiche Landschaften ebenso wie gewachsene Dörfer und Städte.

Vielleicht residieren Sie gar in einem Lehmhaus und beginnen Ihre Tour von dort aus.

Ausgangspunkte der nachfolgenden drei Touren sind die Eingangstore in das Feriengebiet LEHM + BACKSTEINSTRASSE, nämlich Ganzlin, Plau am See und Lübz. Die Reihenfolge, die wir bei der Darstellung gewählt haben, ist dabei rein zufällig. Obwohl, wir beginnen mit den Lehmspuren, führen Sie dann zu den Produktionsstätten, in denen der Backstein entstand und die dritte Tour lenkt das Auge schon verstärkt auf das Baugeschehen, nämlich auf den Backsteinbau. ∎

TOUR 1: Lehmspuren

Ausgangspunkt: Ganzlin   ca. 26 km

Ganzlin - Retzow - Klein Dammerow - Vietlübbe - Wangelin - Gnevsdorf -
Ganzlin

Lehmspuren

Als Ausgangspunkt des heutigen Ausflugs wählen wir Ganzlin.
Hier, Am Bahnhof 2, hat das Informationsbüro der LEHM + BACKSTEIN-
STRASSE seinen Sitz und an diesem Ort spielt der Lehm als Baustoff
eine wichtige Rolle. Im alten Speicher am Bahnhofsvorplatz wird
der Umgang mit Naturbaustoffen geschult, hier entsteht ein
Ausbildungszentrum für wohngesundes Bauen und Umwelttechnik.
Im Hofbereich finden wir ein erstes kleines Lehmgebäude, dessen
Mauern aus Strohbunden errichtet, mit Lehm ummantelt und mit
Holz konstruktiv unterstützt wurden. Auf dem Gründach wachsen
Gräser und im Eingangsbereich findet sich ein Lehmbackofen.
Dieses erste kleine Ensemble macht Lust auf mehr. Also starten wir vom Bahn-
hofsvorplatz Ganzlin aus in Richtung Retzow auf der asphaltierten Kreisstraße.
Die Straße wird beiderseits von weiten Kiefernforsten gesäumt. Die Kiefern und
die sich dahinter verbergende Heide sind Indiz dafür, dass wir hier im äußersten
Süden in das Reich des Sandes vorstoßen, wo der nährstoff- und feuchtigkeitshal-
tende Lehm fehlt. Der Lehm blieb in den hügeligen Endmoränen der Eiszeit liegen
und hier, südlich von Ganzlin und Retzow, verbrachten die abtauenden Schmelzwässer
der Eiszeitgletscher die reinen Sande. Wir folgen der Straße, fahren an einer Kette
von Häusern vorbei und erreichen den alten Rundlingskern des nach dem Ende
des 30jährigen Krieges gegründeten Dorfes Retzow. Viele Gehöfte sind kreis-
förmig um den Dorfplatz angeordnet und zeugen vom Schutzbedürfnis der Bauern
in früheren Jahrhunderten. Auf dem Dorfplatz, unter schattigen Bäumen, findet
sich neben der turmlosen Fachwerkkirche ein schilfgedecktes Lehmfachwerkhaus,
das den Namen „Ülepüle" trägt. Vom Typ her ist es ein mitteldeutsches Ernhaus
aus dem ausgehenden 18. Jahrhundert. Dieses charakteristische, einstöckige
Haus bestand einst aus drei Räumen: Dem zentralen „Ern", einem zentralen
Hausgang quer zur Mitte des Gebäudes, der auch zugleich Herdraum war, einem
Wohnraum und einem Stall, die beide nur über den Ern erreichbar waren. Dieses

in seiner Art typische Bauernhaus drohte Anfang 1990 zu verfallen. Von dieser fast verfallenen Ruine entwickelte sich das Häuschen nunmehr zu einem Kleinod der Gemeinde. Bei der Rekonstruktion spielten Lehm und andere alte Baustoffe und -techniken eine entscheidende Rolle. Aber davon lassen Sie sich besser auf einem Rundgang durch das Haus berichten. Hier ist es auch möglich, alte Handwerkstechniken wie Weben und Filzen zu erlernen. „Ülepüle" ist übrigens niederdeutsch und bezeichnet den Übergang von der unscheinbaren Raupe zu einem bunten Falter. Eine ähnliche Verwandlung hat auch dieses kleine Häuschen hinter sich. Gleich neben dem Ülepüle finden Sie Backstein, verbaut in einer der ältesten Dorfkirchen der Region, der turmlosen Fachwerkkirche von Retzow. Sie wurde einst als Notkirche nach dem 30jährigen Krieg errichtet.

Verlassen wir nun Retzow und begeben uns weiter auf der asphaltierten Alleenstraße nach Klein Dammerow. Klein Dammerow, ein Ortsteil von Retzow, besitzt ein rekonstruiertes Gutshaus. Der 1880 errichtete Bau ist in seiner Ausführung typisch für die einheimischen Baumeister der damaligen Zeit. Über dem hohen Feldsteinkellergeschoss erhebt sich der Backsteinbau, der durch paarige Kniestockfenster gegliedert wird. Auffällig sind auch der sorgfältig rekonstruierte Eingangsvorbau sowie die hölzerne Veranda. Auf Lehmspuren stößt der Gast dann im Inneren des Hauses. Hier kam der Lehm zur Wandgestaltung zum Einsatz. Durch die Wiederverwendung alter Bauteile, den Einsatz von Lehmornamenten und die Ausstattung mit Mobiliar aus den 20iger und 30iger Jahren erhielt das Haus sein unverwechselbares Ambiente. Die ideale Beherbergungsstätte der anderen Art. Verlassen wir nun Klein Dammerow und begeben uns wieder auf die asphaltierte Alleenstraße in Richtung Vietlübbe. Wir radeln direkt auf die Backsteinkirche im neugotischen Stil aus dem Jahre 1882 zu. Auch sie entstand im ausgehenden 19. Jahrhundert und ersetzte einen weniger eleganten und repräsentativen Vorgängerbau, der 1878 ein Raub der Flammen geworden war.

Vor der Kirche biegen wir rechts ab und durchqueren den Ort Vietlübbe. An der nächsten Kreuzung fahren wir wiederum rechts herum und gelangen so nach einigen Kilometern Wegstrecke durch die weitläufige Feldflur in die Ortschaft Wangelin. Am Ortseingang von Wangelin befindet sich der einmalige „Wangeliner Garten", der in zur Zeit neun Abteilungen weit über 800 verschiedene Pflanzenarten präsentiert. Damit geht er inhaltlich weit über einen Kräuter- oder Bauerngarten hinaus. Hier finden sich auch Trick-, Zauber- oder Bionikpflanzen,

TOUR 1: Lehmspuren
Ausgangspunkt: Ganzlin   ca. 26 km

hier gibt es Tipps für Naturschutz im Garten genauso wie diverse Rezepte für leckere Tees u.v.m.. Zur Gartenanlage gehört auch ein Informationsgebäude, das beredtes Zeugnis über den modernen Einsatz des alten Naturbaustoffes Lehm ablegen kann. Mit seinem Trockendach und der Solaranlage zählt es in seiner Gesamtheit zu den modernsten Ökobauten des Landes. Überzeugen Sie sich selbst vom wohngesunden Raumklima und der angenehmen Atmosphäre, die das Gebäude seinen Lehmwänden verdankt. In dieser Umgebung können Sie sich wunderbar bei Tee oder Kaffee mit Kuchen erfrischen.

Von Wangelin aus folgen wir der abbiegenden Hauptstraße weiter nach Gnevsdorf, dessen 52 Meter hoher Kirchturm uns den Weg zeigt. Bei genauerer Betrachtung stellen wir fest, dass sich Gnevsdorf auf einer Hügelkette befindet, deren Gestalt durch ausladende Feldhecken unterstrichen wird. Dies ist eine weitere wichtige Lehmspur in der Landschaft. Die Hügelkette repräsentiert den letzten Hauptvorstoß des Eises vor rund 12.000 Jahren. Jene skandinavischen Gletscher, die den Verwitterungsschutt der nordischen Gebirge, also auch den Lehm, zu uns brachten, kamen hier in der sogenannten Frankfurter Hauptlage zum Stillstand. Die Hügelkette von Gnevsdorf stellt einen Teil der vor dem Eis hergeschobenen Erdmassen dar. Wenn wir nun das 1448 erstmals erwähnte Dorf Gnevsdorf passieren, sehen wir vor der eleganten, alles überragenden Gnevsdorfer Backsteinkirche aus dem Jahre 1897 einen großen Findling (Feldstein) liegen. Auch ihn brachte das nordische Eis mit. Neben dem Lehm verdankt Mecklenburg der Eiszeit vor allem seinen Steinreichtum. Am Ende des Dorfes Gnevsdorf fällt eine schilfgedeckte Feldsteinscheune auf. Das sorgfältig rekonstruierte Gemäuer beherbergt das wohl einzige Lehmmuseum Deutschlands. Hier wird ein lang vergessener Bodenschatz unserer Erde, der Lehm, in einer einmaligen Anlage mit anschaulichen Modellen und Exponaten präsentiert: Lehm biologisch, kulturhistorisch in künstlerischem Kontext in Verbindung mit wechselnden Ausstellungen zum Thema. Besonders gern wird von Kindern die Möglichkeit wahrgenommen, hier selbst mit dem Baustoff der Geschichte und der Zukunft umzugehen.

Nach unserem Besuch im Lehmmuseum begeben wir uns wieder entlang der asphaltierten Straße in Richtung Ganzlin, wo unsere heutige Tour auf den Spuren des Lehms endet.   ■

TOUR 2: **Wie der Lehm zum Backstein kommt**

Ausgangspunkt: **Plau am See**   ca. 50 km

Plau am See - Plauer Ziegelei - Dresenower Mühle - Gnevsdorf - Schlemmin - Kritzow - Benzin - Ziegelei Benzin - Broock - Fahrenhorst - Kuppentin - Plau am See

Wie der Lehm zum Backstein kommt

Wir beginnen unseren heutigen Tagesausflug in Plau am See, direkt vom Burgturm aus. Dieser backsteinerne Rest der ehemaligen Plauer Befestigungsanlage mit seinen meterdicken Mauern ist ein erstes Indiz für die frühe Verwendung von Backstein in der Region.

Plau hatte aber auch infolge der zahlreichen stroh- und schilfgedeckten Fachwerkhäuser immer wieder mit verheerenden Stadtbränden zu kämpfen. Nach einem solchen schrecklichen Stadtbrand 1697 bekam Plau die herzogliche Anweisung zur Einrichtung einer Ziegelei, um die Dächer mit Ziegeln (Biber) eindecken zu können. Bei einem Stadtrundgang durch die ehemalige Ackerbürgerstadt Plau sind noch heute zahlreiche liebevoll erhaltene Fachwerk- und Backsteinbauten zu bewundern.

Wir verlassen also Plau vom Burgturm aus über die große Burgstraße und die Hubbrücke in Richtung Süden. Fast direkt am Kino, natürlich ein Backsteinbau, davor 2 Figuren des bekannten Plauer Bildhauers Wilhelm Wandschneider, queren wir die Straße und folgen dem Ziegeleiweg hinaus in die Landschaft. Rechter Hand kommen wir an einer Anhöhe, dem Klüschenberg vorbei. Er ist ein Ergebnis der letzten Eiszeit.

Am Fuße des Klüschenbergs folgen wir dem linken Weg und gelangen so zu den Resten der Plauer Ziegelei, in der über 300 Jahre lang Ziegel gebrannt wurden. Erst 1989 wurde hier die Produktion eingestellt. Gleich linker Hand und im nun folgenden Stadtwald finden wir aufgelassene Tongruben, die inzwischen von der Natur zurückerobert wurden. Mit ein wenig Glück kann man hier den „fliegenden Edelstein Mecklenburgs", den Eisvogel beobachten. Er brütet in selbst gegrabenen Erdhöhlen an steilen Uferhängen seinen Nachwuchs aus. Ein Naturlehrpfad an den Ufern des Ziegeleisees informiert über die Besonderheiten dieses Gebietes.

TOUR 2: Wie der Lehm zum Backstein kommt
Ausgangspunkt: Plau am See   ca. 50 km

Der Plauer Stadtwald mit seinen Wäldern, Seen und Mooren ist sehr abwechslungsreich. Noch vor 15.000 Jahren war es eine Senke, in der sich eiszeitliche Schmelzwässer sammelten und in der sich schichtweise der typische Bänderton ablagerte, der die Grundlage des Zieglerhandwerks vor Ort war. Wir folgen unserem naturbelassenen Wanderweg in Richtung Süden, überqueren die Bundesstraße 103 und erreichen den Plauer See. Hier stoßen wir zunächst auf schöne alte Villen, die zur Jahrhundertwende von honorigen Leuten erbaut wurden und von

der mehr als 100jährigen Tradition der Sommerfrische in Plau zeugen. Wir folgen nun rechts herum dem Seeufer, vorbei an einigen Häusern und einer Reha-Klinik, hinein in den schattigen Uferwald. Wir durchqueren diesen Wald, vorbei an einigen Boots- und Ferienhäusern und biegen bei der Dresenower Mühle an einem aufgelassenen Ferienlager rechts ab zur Bundesstraße. Diese überqueren wir und folgen dem gegenüberliegenden Weg, eine alte Pflasterstraße, die in einen Sandweg übergeht. Vorbei an Twietforter Ferienhäusern biegen wir an der Twietforter Försterei rechts ab nach Gnevsdorf. Zunächst folgen wir einem kleinen Bächlein und dem Waldrand, erreichen dann die Bundesstraße 103, die wir samt daneben verlaufendem Schienenstrang überqueren. Dann folgen wir der asphaltierten, von jungen Birken gesäumten Straße nach Gnevsdorf. Linker Hand sehen wir eine Hügelkette, die Ablagerungen des letzten Eisvorstoßes vor rund 12.000 Jahren markiert. Der Buchberg mit seinen 118 Metern ist die höchste Erhebung der Region. Wir erreichen Gnevsdorf. Gleich rechts am Dorfeingang sehen wir die schilfgedeckte Feldsteinscheune, das erste Lehmmuseum in Deutschland. Auf unserer ersten Tour haben Sie vielleicht schon einen Rundgang gemacht, ansonsten ist jetzt natürlich wieder eine Gelegenheit.
Wir fahren weiter durch das Dorf und passieren zahlreiche typische, backsteinerne

TOUR 2: Wie der Lehm zum Backstein kommt
Ausgangspunkt: Plau am See   ca. 50 km

Bauernhäuser – sog. Dreiseithöfe und Querdielenhäuser – und die neogotische Backsteinkirche. Sie wurde 1897 als Ersatz eines unansehnlicheren Vorgängerbaus errichtet. Der nun industriell herzustellende Baustoff Backstein hatte es möglich gemacht, repräsentativer als bisher zu bauen. Kurz vor dem Dorfausgang ist rechter Hand ein unscheinbarer Wegweiser nach Schlemmin, diesem Abzweig folgen wir.

Ein nicht immer einfach zu fahrender Wanderweg führt uns zwischen Feldern und Wald hindurch nach Schlemmin. Wir folgen weiter der birkengesäumten Straße nach Kritzow. Am Ende des Dorfes Schlemmin beginnt eine schattige Kastanienallee, die uns nach Kritzow geleitet. Hier folgen wir der abbiegenden Hauptstraße, um nun unter einer ebenso beeindruckenden Eichenallee in Richtung Benzin zu radeln. Aber aufgepasst: gleich hinter dem Ortsausgang führt ein einseitig mit Kopfweiden gesäumter Weg direkt an den Kritzower See - vielleicht ist ja Zeit für ein kühles Bad? Und dann kann es weitergehen nach Benzin, dort empfangen uns wieder die schlichten, typischen Backsteinhäuser der Region. Der rote Backstein wurde ganz in der Nähe in der Benziner Ziegelei produziert. Dieser 1990 stillgelegten und inzwischen rekonstruierten Anlage wollen wir nun unsere Aufwartung machen. Dazu biegen wir an der Dorfkreuzung scharf rechts ab und folgen dem asphaltierten Landweg - dem Ziegeleiweg - einige hundert Meter. Dann sehen wir schon den Schornstein des Technischen Denkmals. Die Ziegelei Benzin bietet Führungen an und die historische Anlage kann oftmals auch in Betrieb besichtigt werden. Beeindruckend sind dabei vor allem der Hoffmannsche Ringofen, in dessen umlaufenden Gewölbe bis zu 1,5 Millionen Ziegel jährlich gebrannt wurden, und die komplett erhaltene, funktionsfähige Technik. Hier in der Ziegelei Benzin können Sie selbst einen Ziegel streichen oder bei einem Rundgang um die aufgelassene Tongrube entspannen. Nach diesem willkommenen Zwischenstopp geht es nun weiter in Richtung Broock. Wir folgen der Dorfstraße, überqueren die Bundesstraße 191 und folgen dem Wegweiser nach Kuppentin. In der Fahrenhorst, dem Wald bei Kuppentin, befinden sich auch zwei alte slawische Burgwälle, die von der früheren Besiedlung zeugen. Sie liegen aber recht versteckt und lassen sich i.d.R. nur mit Führung erkunden. Kurz vor Kuppentin passieren wir noch einmal ein Rinnsal des Eldealtarms, an dem uns eine Tafel auf die Naturbesonderheiten des Gebietes aufmerksam macht. Wir erreichen Kuppentin, ein beschauliches Dörfchen, mit Tagelöhner- und Siedlungs-

TOUR 2: Wie der Lehm zum Backstein kommt
Ausgangspunkt: Plau am See   ca. 50 km

häusern. Das Herz von Kuppentin ist die spätromanische Dorfkirche, eine der ältesten des Landes. Deutlich erkennbar ist die Dreigliedrigkeit des Gebäudes, bestehend aus feldsteinernem Langhaus, backsteinernem Chor und hölzernem Turm. Interessante Details der Architektur- und Kirchengeschichte lässt man sich am besten während einer Führung erläutern. Wir folgen der gepflasterten Dorfstraße in Richtung Daschow / Plauerhagen. Bevor diese Straße am Dorfende fast im rechten Winkel links abbiegt, fahren wir geradeaus auf einen Feldweg. Diesem Kuppentiner Landweg folgen wir ohne abzubiegen, eine weitere Asphaltstraße querend, bis nach Plau. Der Kuppentiner Landweg ist aufgrund seines typischen Landwegcharakters und des Baum- und Heckenbestandes geschützt. Er bietet immer wieder reizvolle Blicke in die hügelige Feldflur. Nach einigen Kilometern erreichen wir so den Luftkurort Plau am See, den Ausgangspunkt unseres heutigen Tagesausfluges.

Und wo kann heute gut gegessen werden – vielleicht im Seehotel, direkt am Plauer See.

TOUR 3: Wenn Lehm auf Backstein trifft

Ausgangspunkt: Lübz   ca. 24 km

Lübz - Lutheran - Gischow - Burow - Kreien - Hof Kreien -
Benzin - Ziegelei Benzin - Broock - Bobzin - Bobziner
Schleuse - Lübz

Wenn Lehm auf Backstein trifft -
dem Haus auf die Fassade geschaut

Der heutige Tagesausflug führt uns in und um das Eldestädtchen Lübz. Wir werden kein Doberaner Münster oder ähnlich berühmte Prachtbauten der Backsteingotik vorfinden, wohl aber zahlreiche Beispiele für den gezielten, liebevollen Einsatz des roten Bausteins, der den Ruf Mecklenburg-Vorpommerns als Backsteinland begründet und hier in der LEHM + BACKSTEINSTRASSE auch in seinen „Alltagsformen" Beachtung findet.

Unser heutiger Tagesausflug beginnt in Lübz auf dem Marktplatz. Der Platz wird geprägt vom Amtsturm. Er ist ein erstes Beispiel für die frühe Verwendung von Backstein in der Region. Als letzter erhaltener Wehrturm der 1308 hier errichteten Eldenburg sollte er vor den Übergriffen brandenburgischer Markgrafen schützen. Von 1537 bis 1634 war Lübz fürstlicher Witwensitz. Nach dem Tode der letzten Regentin, der Herzogin Sophie, zerfiel das Schloss zusehends und wurde z.T. auf Abbruch verkauft (eine erste Form des Baustoffrecyclings!). 1759 wurde auf den Fundamenten des ehemaligen Schlosses ein großherzogliches Amt errichtet. Seither wird der nahe Turm als Amtsturm bezeichnet. Das damals errichtete neue Amtshaus wurde inzwischen denkmalgerecht instandgesetzt. Die rustikale Gastlichkeit in seinem Keller können wir ja nach unserer Rückkehr vom heutigen Ausflug ausprobieren. Aber zurück zum Amtsturm, der in der mittelalterlichen Phase des Backsteineinsatzes entstand. Beeindruckend sind die 2,20 Meter dicken Mauern. Im Innern führt eine enge Wendeltreppe in die Höhe (engste Stelle 42 cm!). Im Turm finden wir das Stadtmuseum von Lübz und im oberen Raum mit seinem seltenen Zellengewölbe die alte Turmuhr, deren Zuggewichte einfache Feldsteine sind. An der äußeren Fassade des Turmes lassen sich einige typische Backsteinornamente wie ein Kreuzbogenfries und das Rautenmuster aus glasierten Steinen entdecken.

TOUR 3: Wenn Lehm auf Backstein trifft
Ausgangspunkt: Lübz   ca. 24 km

Ein Beispiel für den Einsatz von Backstein in der zweiten Hälfte des 19. Jahrhunderts finden wir gleich in unmittelbarer Nähe des Amtsturmes: das Rathaus der Stadt. Hier finden sich klassische Elemente des damals verbreiteten Historismus, der zahlreiche Architekturelemente der Antike aufgriff. Bestes Beispiel hierfür ist ein Fries der antiken Klassik, der Mäanderfries, der zur Gliederung und Zierde des Rathauses eingesetzt wurde. Ein weiteres Gestaltungselement, das sogenannte „Deutsche Band", wurde durch eine schräge Lage gewöhnlicher Ziegel erstellt. Das Deutsche Band diente schon in mittelalterlichen Bauten als Fries. Ebenfalls auf dem Marktplatz, dem Amtshaus gegenüber, sehen wir ein Gebäude mit klassischen Architekturzitaten des Backsteinbaus aus der Zeit des Historismus, also aus der 2. Hälfte des 19. Jahrhunderts: Rundbogenfries, Bänderungen aus glasierten Ziegeln und eine gleichmäßige Reihung der Fenster. Die runden Fenster und Gauben wurden im Rahmen von Umbaumaßnahmen nachträglich eingebracht, was unschwer zu erkennen ist.

Wir setzen unseren Weg in Richtung Elde fort, vorbei an der ehemaligen Wassermühle und heutigen Sparkasse. Das nächste, beachtenswerte Gebäude ist das 1904 erbaute ehemalige Wasserwerk mit seinem Konsolenfries. Hier fällt der dekorative Wechsel von Ziegeln und Putzflächen auf. Senkrechte, flache backsteinerne Mauerstreifen ohne Basis, sogenannte Lisenen, teilen die Wandflächen gleichmäßig. Die weichen Zeichnungen des Jugendstils sind schon ablesbar.

Wir folgen weiter der Hauptstraße und biegen so in die Goldberger Straße ein. Die dekorativen Bürgerhäuser zeugen einerseits vom Repräsentationswillen der zu einigem Wohlstand gelangten Bürger, andererseits sind sie geradezu Anschauungsbeispiele für die Zeit des Historismus, in dem der Backstein wieder stärkere Beachtung fand. Auf der einen Straßenseite stehen ausschließlich Backsteinbauten mit Zitatformen der Neurenaissance und Neugotik. Letztere besonders am Haus Nr. 10: Hier finden sich u.a. Schmuckdetails wie ein Fries aus „Vierpässen" unter den Fenstern (Fensterspiegel) und im oberen Giebelfeld flankierende Türmchen über dem Mittelteil (Risalit) mit sog. Krabben, Motiven, die der Kathedralgotik entlehnt wurden. Alle Gebäude dieser Straßenseite zeigen Varianten und Formen verschiedener Schmuckelemente. Zu erkennen sind diverse Fenster- und Türüberdachungen, Rahmungen mit Säulen u.ä., Bänderungen und Friese aus glasierten Ziegeln, Wechsel von farbigen Ziegeln, Terrakottaformen, figürlicher Schmuck aus Terrakotta und Stuck. Auf der anderen

TOUR 3: Wenn Lehm auf Backstein trifft

Ausgangspunkt: Lübz   ca. 24 km

Straßenseite finden wir vorrangig verputzte Gebäude, die alle dem Neuklassizismus im weitesten Sinne verpflichtet sind und durch ihre sachlich klassischen Architekturzitate auffallen. Gegenüber der Goldberger Straße und der Kreuzung steht ein Haus, das mit Efeu bewachsen ist und in der äußeren Form mit seinem Turm sowohl der Romantik, als auch dem Jugendstil zuzuordnen wäre. Die außen liegenden Giebelsparren fallen ins Auge und ebenso glasierte Ziegel als weiterer Schmuck.

Wir fahren nun links herum, ein Stück die Bundesstraße entlang, um dann anschließend auf dem asphaltierten Radweg Lübz in Richtung Lutheran zu verlassen. Lutheran ist ein typisches, ehemaliges Bauerndorf, in dem wir noch zahlreiche Backsteingebäude vorfinden, die allerdings immer mehr überformt werden von den modernen „Segnungen" der Neuzeit. Dennoch sind einige Wohnhäuser und Stallgebäude im Ursprung erhalten: Am Ortseingang, aus Lübz kommend, ist eine Hofmauer mit runden Torpfeilern noch ursprünglich. Vor der Kirche ist ein Dreiseithof erhalten, an dessen Scheune wir schöne Korbbögen über den Öffnungen sehen. Die Kirche von Lutheran wurde 1871 in repräsentativer Backsteinoptik als Ersatz für eine schlichte Fachwerkkirche errichtet.

In Lutheran biegen wir dem Wegweiser folgend nun links ab und gelangen so nach einigen Kilometern nach Gischow. Hier in Gischow fallen zunächst die herrlichen alten Kastanien der Dorfstraße auf, die an heißen Tagen kühlen Schatten spenden. Alle Häuser der linken

TOUR 3: Wenn Lehm auf Backstein trifft
Ausgangspunkt: Lübz ca. 24 km

Straßenseite haben tief heruntergezogene Krüppelwalmdächer mit gleicher Dachneigung und scheinen sich quasi zu ducken und auf diese Weise Energie zu sparen. Diese beschauliche Einheit bringt eine gewisse Ruhe ins Dorfbild. Bei den Gebäuden handelt es sich um sogenannte Büdnereien. Mit der Schaffung von Wohnraum versuchte man ab 1753 vor allem im Großherzogtum Mecklenburg-Schwerin die Abwanderung insbesondere nach Übersee, vor allem Amerika, einzudämmen. Zu einer Büdnerei gehörten in der Regel 22 Ar Gartenland. Die Wohnhäuser waren sehr bescheiden und deshalb nannte man sie „Buden" und die Besitzer waren „Büdner", die aufgrund der geringen Größe ihrer Büdnerei immer auch zusätzlich Lohnarbeit leisten mussten.

Nun aber weiter die Dorfstraße entlang. Nach den Büdnereien folgen etwa ab Haus Nr. 11 einige andersartige Gebäude. Unter dem Dach fallen kleine Fenster über sogenannten Konsolengesimsen auf. Diese Erweiterung des Hauses nennt man Kniestock oder auch Drempel. Der Drempel erweiterte den Bodenraum beträchtlich – und machte eine Nutzung als erweitertes Kornlager möglich. Wiederum fällt uns eine harmonische Einheitlichkeit und Geschlossenheit der

Gebäude auf. Trotzdem erscheinen sie nicht uniform, denn im Schmuck gleicht kein Haus dem anderen. Beachten Sie einmal die Vielfalt der Schmuckvariationen, die mit einfachsten Mitteln und dem Material Backstein erzielt wurde. Einige Häuser weiter stoßen wir auf die ehemalige Dorfschmiede, an der wir neubarocke Architekturzitate sehen, wie die Kugelaufsätze, die am Ende des 19. Jahrhunderts in Mode kamen und die Gebäudemitte betonen. Den Backsteinbau gliedern aber auch wieder die einfachen Elemente wie z.B. ein sog. Deutsches Band, eine Lage schräg vermauerter Ziegel, die als Gurtband das nun schon bekannte Drempel-

TOUR 3: Wenn Lehm auf Backstein trifft
Ausgangspunkt: Lübz ca. 24 km

geschoss vom Gebäude absetzen. Über den segmentbogigen Fenstern finden sich sogenannte Traufleisten. Beachtenswert ist auch die Gischower Fachwerkkirche aus dem frühen 16. Jahrhundert, die mit einer Trockenmauer aus Feldsteinen umgrenzt ist.

Wir folgen weiter der Straße, die uns nahe der Elde durch die Feldflur nach Burow führt. Das ursprüngliche Dorf weist ebenfalls zahlreiche Backsteinbauten auf. So ist das Haus Nr. 1 an der linken Straßenseite nicht nur wegen der uns nun schon bekannten Gliederungen wie Drempel, Konsolenfries und Trauf- oder Regenleisten über den Fenstern, sondern auch wegen der Ornamentik an der Schmalseite des Hauses aus Ziegelformsteinen bemerkenswert. Das Haus Nr. 9 ist aus Kalksandstein errichtet, die Schmuckelemente wie Fensterrahmung, Betonung der Gebäudekanten, Trauffries, Gurtband, Sohlbänke und Bänderung sind aus rotem Backstein und gliedern auf ihre Art den Bau. Am Dorfeingang steht die ehemalige Dorfschule, 1848 datiert, ein Backsteinbau mit Drempel und einfachem Deutschen Band und auffallenden Maueankern. Sehenswert sind natürlich auch die kleine Feldsteinkirche und das Pfarrhaus in Fachwerk. Vor der Kurve fällt unser Blick auf einen ansehnlichen Dreiseithof, dessen Bauten wiederum Architekturzitate einer Neurenaissance, u.a. glasierte Ziegelornamente, ein Drempelgeschoss und eine herrliche alte Haustür aufweisen. Typisch sind das nach hinten versetzte traufständige, repräsentative Wohnhaus sowie die beidseitig angeordneten Stall- und Wirtschaftsgebäude. Der Hof wird durch eine sich dem Ensemble unterordnende Ziegelmauer abgeschlossen. Wir verlassen nun Burow, die Elde über die im Volksmund „Hühnerleiter" genannte Brücke querend, in Richtung Kreien. Auch Kreien wird vom Rot der verschiedenen Ziegelbauten geprägt. Wir finden hier ebenso typische Hausformen wie auch Ornamente und Architekturzitate der Neurenaissance und des Klassizismus. Bemerkenswert ist auf jeden Fall die Kreiener Kirche aus dem 13. Jahrhundert. Noch bevor der Backstein weite Verbreitung fand, wurde sie aus Feldsteinen, die man zahlreich in der umgebenden Feldflur fand, errichtet. Die Verwendung von Feldstein ließ jedoch wenig gestalterischen Spielraum und so ist die Kirche als schlichter rechteckiger Bau ausgeführt. Die Glocken wurden außerhalb des Baus in einem hölzernen, freistehenden Glockenstuhl untergebracht. Wir folgen weiter der Dorfstraße, vorbei an manchem Ziegelbau und Dreiseithof, überqueren die Kreisstraße und fahren weiter, dem Wegweiser folgend nach Hof Kreien und Benzin.

TOUR 3: Wenn Lehm auf Backstein trifft
Ausgangspunkt: Lübz   ca. 24 km

In Hof Kreien fahren wir direkt auf das ehemalige Gutshaus zu, dessen einstige Schönheit heute nicht mehr zu erkennen ist und setzen unseren Weg links, dem asphaltierten Feldweg folgend, nach Benzin fort.

In Benzin fällt uns linkerhand wieder ein Dreiseithof auf, dessen schlichtes Wohnhaus aus Backstein wenig Zierformen zeigt. Die Pfeiler der Hofeinfahrt haben Kugelaufsätze, wie wir sie schon an der Schmiede in Gischow sahen. Auch in Benzin, der Dorfstraße folgend, sehen wir Gebäude, die als Büdnereien errichtet wurden. Das Haus Nr. 5 an der rechten Straßenseite ist wieder ein Querdielenhaus. Einige Häuser weisen typische Drempel auf und verweisen somit auf Getreidetrocknung und Ackerbau. Die zahlreichen, backsteinernen Bauernhäuser zeigen in ihren Fassaden die ganze Palette der beschriebenen Backsteinarchitektur des ausgehenden 19. und beginnenden 20. Jahrhunderts: abgetreppte Giebel, Zahnschnittgesimse, -friese oder Traufbänder, Drempel, Fensterverdachungen, Konsolenfriese aus Formziegeln u.v.m., gehen Sie selbst auf Entdeckungstour. Beachtenswert ist natürlich auch die im Jahr 2000 rekonstruierte schlichte Fachwerkkirche aus dem Jahre 1592, der Zeit der Reformation. Wir folgen weiter der Dorfstraße, fahren geradeaus, die Kopfsteinpflasterstraße querend, zur Ziegelei Benzin. Hier wurden fast 90 Jahre lang, von 1907 bis 1990, die die Region prägenden roten Backsteine gebrannt. Sollten Sie die Ziegelei noch nicht gesehen haben, jetzt ist also Gelegenheit. Ansonsten setzen wir unsere Reise über die Asphaltstraße fort, vorbei an der aufgelassenen Tongrube der Ziegelei Benzin in Richtung Broock.

Auch in Broock finden wir zahlreiche Verwendungsbeispiele unseres roten Backsteins: große Scheunen, einfache Bauernhäuser mit und ohne Architekturzitate vergangener Zeiten. Auch Broock beherbergt eine alte Dorfkirche, deren Feldsteinaufbau schon mit diversen Ziegeln ergänzt wurde. Uns führt der Weg nun kurzzeitig (etwa 200 m) links herum, der Bundesstraße Richtung Lübz folgend, bis zum Dorfausgang von Broock, wo wir rechts in einen Feldweg nach Bobzin einbiegen. Das heutige Dorf Bobzin war früher der Gutshof. Hier finden wir das leider noch immer ungenutzte Gutshaus, einen repräsentativen Backsteinbau mit mittelalterlichen Architekturzitaten aus der Mitte des 19. Jahrhunderts. Das alte Dorf Bobzin, von dem heute nichts mehr existiert, lag wohl früher nahe der Bobziner Schleuse, zu der wir noch kommen werden. Bobzin war bis 1918 eine Domäne, also staatliches Eigentum. Land und Leute gehörten den Landesherren.

TOUR 3: **Wenn Lehm auf Backstein trifft**

Ausgangspunkt: **Lübz** ca. 24 km

Die Gesindeverordnung von 1654 verfügte die Leibeigenschaft. So waren die Bauern persönlich und wirtschaftlich unfrei, an den Wohnort gebunden, zur Fronarbeit verpflichtet und selbst eine Heirat bedurfte der Zustimmung des Grundherren.

Wir setzen unseren Weg am alten Gutshaus vorbei fort und folgen der Asphaltstraße links in Richtung Wald. Am Waldrand links herum führt uns ein naturbelassener und später dann gepflasterter Weg direkt nach Lübz zurück. Wer aber noch Lust, Kraft und Interesse hat, kann den Weg in den Wald hinein auf einer Betonspurbahn rund 800 Meter weit fortsetzen und gelangt so zur Elde, dem Blauen Band Mecklenburgs. Hier stoßen wir auf ein beachtliches Technisches Denkmal: Die Bobziner Schleuse, mit 6,90 Meter Hub die höchste Kammerschleuse Norddeutschlands. Die Bobziner Schleuse wurde 1922-1924 im Zuge des Ausbaus eines neuen Eldekanals erbaut. Die roten Backsteinbauten in der Nähe der eigentlichen Schleuse gehören zum 1925 errichteten Wasserkraftwerk, das der Stromerzeugung diente. Es wurde 1946 von der Roten Armee demontiert, erhielt aber 1954 zwei neue Turbinen, um weiter arbeiten zu können. 1974 wurde das Wasserkraftwerk stillgelegt. 1999 erfolgte die Rekonstruktion und im Oktober desselben Jahres der erste Probelauf. Nach diesem kleinen Abstecher fahren wir nun zurück zum Waldrand und fahren aus dem Wald kommend rechts herum nach Lübz, unserem Ausgangsort. ∎

TOUR 4: Das Blaue Band von Mecklenburg

Ausgangspunkt: Lübz   ca. 53 km

nördliche Teilstrecke: 15 km
Lübz - Bobziner Schleuse - Kuppentin - Gallin - Weisin - Charlottenhof - Passow - Ruthen - Lübz
südliche Teilstrecke: 38 km
Lübz - Klein Pankower Niedermühle - Groß Pankow - Schleuse Neuburg - Klein Niendorf - Burow - Gischow - Lübz

Das Blaue Band von Mecklenburg
Flusslandschaften

Der heutige Ausflug führt uns entlang der Elde, die liebevoll auch als Blaues Band von Mecklenburg bezeichnet wird. Der mit 220 km längste Fluss Mecklenburgs entspringt bei Darzo südöstlich des Plauer Sees und durchströmt die Müritz und weitere Seen. Nachdem die Elde bei Plau die Seenplatte verlässt, schlängelt sie sich durch die hügelige Endmoränenlandschaft von Plau über Lübz, Parchim bis nach Dömitz, wo sie in die Elbe mündet.
Schon früh hatten Menschen begonnen, die Elde als Transportweg zu nutzen, angesichts weiter Moore, umgestürzter Bäume und unzähliger Flusswindungen ein schwieriges Vorhaben. Erste, umfassende Regulierungen gab es um 1797/1803. Aber erst mit der Gründung einer Aktiengesellschaft im Jahre 1831 kam es zu nachhaltigen Erfolgen bei der Elderegulierung und -nutzung. Die Lieferung landwirtschaftlicher Produkte auf dem Wasserweg in die Ballungszentren Berlin und Hamburg und die damit verbundenen ökonomischen Zwänge forderten ständige Erneuerungs- und Unterhaltungsmaßnahmen der auf 184 km schiffbaren Wasserstraße. Mit der deutschen Teilung nach dem zweiten Weltkrieg und der verstärkten Nutzung von Schiene und Straße verlor der Wasserweg an Bedeutung. Heute sind die Gewässer ein beliebtes Ziel für Wasserwanderer.
Neben den landschaftlichen Reizen, die geprägt sind vom Wechsel naturbelassener und ausgebauter Flussabschnitte mit alten Kulturlandschaften und kleinen Seen, sind auch immer wieder Spuren slawischer und deutscher Siedlungsgeschichte zu entdecken.

TOUR 4: **Das Blaue Band von Mecklenburg**

Ausgangspunkt: **Lübz**   ca. 40 km

Mehrere Brücken und Schleusen, darunter die höchste Kammerschleuse Norddeutschlands, zeugen, wie auch andere Anlagen zur Nutzung der Wasserkraft, vom technischen Pionier- und Erfindergeist früherer Tage.
Die Gesamtroute besteht aus zwei kleineren, miteinander kombinierbaren Runden, die wir als nördliche bzw. südliche Teilstrecke vorstellen.

Die nördliche Teilstrecke

Auf dem Marktplatz des Eldestädtchens Lübz, am Amtsturm, dem Wahrzeichen der Stadt und Rest der 1308 hier errichteten Eldenburg, beginnt unsere Tour. Wir fahren am Rathaus vorbei, über eine kleine Brücke und halten uns dann links auf dem Bobziner Weg. Wenig später geht es unter der Bundesstraße hindurch

hinaus in die Feldflur und hier tauchen wir ein in das kühle Blätterdach einer schattigen Kastanienallee und des nahen Waldes. Eine Betonspurbahn kreuzt unseren Waldweg. Hier biegen wir links ein und treffen auf die Elde und ein bedeutendes Technisches Denkmal: Die Bobziner Schleuse, mit 6,90 Metern ist sie die höchste Kammerschleuse Norddeutschlands. Neben der Schleuse wurde mittels einer Turbine jahrzehntelang die Kraft des Wassers zur Stromerzeugung genutzt (siehe Tour 3). Übrigens erzählen Insider, dass sich das Schleusenwärterhaus als gute Gaststube empfiehlt, allerdings ist Voranmeldung erforderlich.
Nach der ersten Eldeüberquerung folgen wir weiter unserem Weg durch einen schattigen Buchenwald. Am Ende des Weges biegen wir rechts ab in Richtung Kuppentin. Unser naturbelassener Weg führt uns nun am Rande des herrlichen Buchenwaldes zur ausgebauten Elde-Müritz-Wasserstraße. Linker Hand können wir immer wieder naturnahe Abschnitte der alten Elde erleben. Dem Flusslauf auf dem ehemaligen Leinepfad folgend, erreichen wir die Brücke Kuppentin, wo wir uns links herum auf die Asphaltstraße bis ins Dorf Kuppentin begeben. An einer Kreuzung im Dorfbereich biegen wir abermals links ab und radeln bis Gallin. Hier

TOUR 4: **Das Blaue Band von Mecklenburg**

Ausgangspunkt: **Lübz**   ca. 40 km

angekommen, geht es nach wenigen Metern in Richtung Zahren schon wieder links herum über einen Feldweg nach Weisin. In Weisin biegen wir rechts ab und finden am Ende des Dorfes im Park des Gutshauskomplexes einen (Burgturm)Hügel, den unscheinbaren Rest des 1687 durch Blitzschlag abgebrannten Rittersitzes derer von Weltzin.

Wir umfahren den malerischen Weisiner See und begeben uns über Charlottenhof, mit vier Einwohnern kleinste Ortschaft Deutschlands, nach Passow, wo sich ein beachtliches Gutshaus befindet, heute das Schloß Hotel Passow. Über den Ziegeleiweg radeln wir vorbei an einem weiteren See, dem Passower See, weiter nach Ruthen. Wir durchfahren diesen Lübzer Ortsteil und gelangen auf dem Radweg parallel zur Kreisstraße wieder nach Lübz.

Hier folgen wir der von prächtigen Backsteinfassaden gesäumten Goldberger

Straße in die Innenstadt. Dabei überqueren wir die Elde abermals, diesmal an der Lübzer Stadtschleuse, die einen Höhenunterschied von 3,20 Metern überwindet. Das Gebäude dazu ist restauriert und beherbergt heute die Sparkasse. Im Foyer zeugt die liebevoll rekonstruierte Wassermühle von dieser anderen Art Nutzung der Wasserkraft.

Etwas Stärkung, z.B. im Le Bistro gleich am Rathaus?

Dann könnte es ja weitergehen.

Die südliche Teilstrecke

Wieder am Marktplatz vorbei verlassen wir das Eldestädtchen in anderer Richtung, nämlich über den Ziegenmarkt. Ziegen werden hier nicht mehr gehandelt, aber eine kleine Bronzefigur erinnert an die alte Zeit. Wir folgen der rechts abbiegenden Kreiener Straße in das Umland. An einem Blumenhaus, kurz hinter der unscheinbaren katholischen Kirche, verlassen wir die nach links abbiegende Straße geradeaus auf einen Feldweg. Der Weg folgt der Elde. Uns bieten sich immer wieder reizvolle Blicke über die Wiesen und Felder zur Wasserstraße. Auf Höhe eines

Querweges, der von der Kolonie Kreien kommt, ist in Blickrichtung Elde ein bronzezeitliches Hügelgrab zu entdecken. Im Volksmund wird es auch Vogelberg genannt. Bronzezeitliche Hügelgräber bergen keine Reichtümer und doch erzählt man sich im Dorf die Sage eines tief vergrabenen Schatzes, der von einem Zwerg bewacht wird. Unter seinen wachen Blicken folgen wir weiter unserem Weg, an dessen Ende wir rechts herum zur Gehlsbachbrücke gelangen. Auf dem Weg zur Brücke bietet sich für bereits erschöpfte Wanderer die Möglichkeit zur Abkürzung. Dazu kann man dem nächsten, rechts abzweigenden Feldweg folgen und gelangt so zu einer anderen, nicht minder eigentümlichen Brückenkonstruktion. Sie trägt wegen ihrer Bauweise den volkstümlichen Beinamen „Hühnerleiter". Vor der Brücke liegen zwei unscheinbare Hügel, die sich erst bei genauerer Betrachtung als slawische Burgwälle erweisen. Einst floss die Elde zwischen ihnen hindurch. Doch nach der Begradigung und dem Ausbau des Wasserwegs liegen sie am selben Ufer. Sie belegen einmal mehr die Bevorzugung der Elde als Siedlungsraum unserer Vorfahren. Da wir aber noch nicht abkürzen, erreichen wir schließlich die Gehlsbachbrücke. Der Gehlsbach ist wegen seines naturnahen Verlaufs und der in ihm lebenden seltenen Fische und Bachneunaugen unter Naturschutz gestellt worden. Nach der Brücke führt unser nun asphaltierter Weg am Blanksee vorbei, der uns zum erfrischenden Bad einlädt. Wir passieren ein weiteres Naturschutzgebiet, das Wüstemoor, ehe wir auf die Kreisstraße treffen, der wir rechts herum in Richtung Parchim - Groß Pankow folgen. Hinter dem Dorf Groß Pankow überqueren wir den Moosterbach, über den eine weite Wiesenlandschaft in die Elde entwässert wird. Gleich hinter der Moosterbachbrücke biegen wir rechts in Richtung Lübz ab und gelangen wieder zu unserem Fluss. An der alten Elde, auf die wir noch vor der Müritz-Elde-Wasserstraße treffen, finden sich die Reste einer ehemaligen Schleuse, die in Folge der durchgreifenden Wasserstraßenregulierung nutzlos wurde und verfiel. Noch bevor wir die nach dem einstigen Schleusenwärter benannte „Hildebrandtbrücke" queren und so abermals nach Burow abkürzen könnten, biegen wir links auf den naturbelassenen Leineweg zwischen alter und neuer Elde ein. Der Name rührt von der ehemaligen Nutzung des Weges zum Treideln der Lastkähne und Schiffe, die damals keinen Motor hatten und mittels Seilen (Leinen) von Menschen mit Muskelkraft vom Ufer aus entlang des Schifffahrtsweges gezogen wurden. Kurz vor Neuburg treffen wir auf einen sogenannten Düker, ein wasserwirtschaftliches Bauwerk, das die alte

TOUR 4: Das Blaue Band von Mecklenburg

Ausgangspunkt: Lübz   ca. 40 km

Elde unter (!) der neuen Elde hindurch führt. Kurze Zeit später stoßen wir auf die Schleuse (3,62 m Hub) von Neuburg. Hier überqueren wir die Elde, um dem Leineweg an der anderen Uferseite wieder zurück zu folgen.

Vom Leineweg aus biegen wir dann links nach Klein Niendorf ab, wo man im Dorfkrug eine Erfrischung zu sich nehmen kann. Von Klein Niendorf geht es der Elde folgend weiter nach Burow und über Meyerberg und Gischow bis nach Lübz. Von Meyerberg und von mehreren Stellen hinter Gischow aus ist der verschilfte Altarm der Elde gut zu sehen und man kann den Blick über die hügelige Endmoränenlandschaft und gegliederte Kulturlandschaft mit Hecken, Einzelbäumen, Wegen und anderen Strukturelementen schweifen lassen. Bei der Einfahrt in Lübz grüßen die Gär- und Lagertanks der Lübzer Brauerei und erinnern daran, dass nach dieser Tagestour, einer der schmackhaftesten „Aggregatzustände" des Wassers ein kühles Lübzer Pils ist. ■

TOUR 5: **Rund um den Plauer See**

Ausgangspunkt: **Plau am See** ca. 50 km

Plau am See - Dresenower Mühle - Bad Stuer - Zislow - Lenz - Jürgenshof - Plauer Werder - Naturparkverwaltung Nossentiner / Schwinzer Heide - Quetzin - Plau am See

Rund um den Plauer See
Seenlandschaften

Im Mittelpunkt des heutigen Tagesausfluges steht der Plauer See. Mit 39 km^2 ist er nach Müritz und Schweriner See der drittgrößte See Mecklenburgs und gehört zur Großseenplatte. Die Elde verbindet den Plauer See mit Müritz, Kölpin-, Fleesen- und Malchower See. Durch die Schiffbarmachung der Elde vor rund 200 Jahren ist Plau auch von Berlin und Hamburg aus über die Müritz-Elde-Wasserstraße erreichbar.

Der Plauer See verdankt sein vielgestaltiges Bild der Eiszeit. Im Süden schürften Gletscher tiefe, steile Rinnen aus, die sich vor rund 10.000 Jahren mit Wasser füllten. Im Norden bildeten langsam austauende Eisbrocken flache Wasserbecken. Diese beiden Teile wurden durch Schmelzwässer und die Elde überformt und bilden heute den malerischen und buchtenreichen See, der vielfach zum Baden einlädt. Er bietet auch einiges für andere Genüsse: Hecht, Aal und Maräne sind beliebte Leckerbissen aus dem Plauer See, entweder selbst geangelt oder frisch in den Gaststätten der Region zubereitet. Der Plauer See bietet weiter eine reiche Naturausstattung: Neben Kormoranen, Enten, Schwänen und Gänsen sieht man hier mit einigem Glück und geübtem Auge den majestätischen Seeadler oder den kleinen metallisch blauen Eisvogel.

Mit der Konstruktion und dem Bau des ersten Seitenraddampfers mit einer Hochdruckdampfmaschine durch den Plauer Arzt und Erfinder Dr. Ernst Alban, begann vor rund 100 Jahren die Fahrgastschifffahrt auf dem Plauer See. Uns bieten Dampferanlegestellen in Plau, Seelust, Bad Stuer, Zislow, Wendorf und am Lenz auch heute die Möglichkeit, unsere Radtour auf dem Wasserweg abzukürzen. Die Kapitäne nehmen auch Fahrräder mit an Bord. Sie sollten sich aber vorher unbedingt mit dem Fahrplan der Fahrgastschiffe vertraut machen.

TOUR 5: **Rund um den Plauer See**
Ausgangspunkt: **Plau am See**   ca. 50 km

Begeben wir uns also nun auf die rund 50 km lange Tour und folgen den ufernahen, meist naturbelassenen Wanderwegen. Vielleicht ist das eine oder andere Stück des Weges nicht so gut zu radeln, die Aussichten sind dafür aber um so reizvoller.

Ausgangspunkt ist der Luftkurort Plau am See, wo die Elde den Plauer See verlässt. Direkt in Nähe der Dampferanlegestelle befindet sich ein Parkplatz, von dem aus wir unsere Radtour starten. Wir verlassen Plau über die denkmalgeschützte Hubbrücke, überqueren die Kreuzung der B 103 an einem Autohaus in südlicher Richtung und folgen der Uferpromenade, die hier Teil des Mecklenburgischen Seenradweges ist. Schon bald stoßen wir auf den Zeltplatz am „Zuruf". Der Legende nach konnte von dieser schmalsten Stelle des Sees aus der Fährmann vom anderen Ufer gerufen werden. Von 1909 - 1913 veranstalteten Flugpioniere und Plauer Enthusiasten hier Flugversuche. Von einem 11 Meter hohen Gleitfluggerüst, das auf einem Kahn installiert war, stürzten sie sich mit Fluggeräten, an denen Lilienthal seine Freude gehabt hätte, in die Tiefe, bzw. den Plauer See.

Kurz nachdem wir den Zeltplatz überquert haben, kommen wir in der Seeluster Bucht an einen herrlichen Badestrand. Alte Villen und neu hergerichtete Logierhäuser und Pensionen zeugen von der mehr als hundertjährigen Geschichte der Sommerfrische und Erholung am Plauer See. Wir folgen dem Uferweg in den kühlen Wald. Auffallend ist, dass neben dem Wanderweg steile Böschungen aufragen, die das ehemalige Seeufer darstellen! Vor über 200 Jahren fielen sie infolge der Seenspiegelsenkung durch die Elderegulierung trocken.

Auf der Höhe Dresenower Mühle - Twietfort verlassen wir den schattenspendenden Wald, treten hinaus auf eine Wiese, wo sich die Reste eines früheren Kinderferienlagers finden. Der hiesige Badestrand gelangte schon in den zwanziger Jahren als Domizil der Nacktbader zu einiger Berühmtheit. Junge Männer aus Plau sollen den 8 km langen Weg hierher nicht gescheut haben, um ihr eigenes "Naturerlebnis" zu ergattern. Abermals führt uns der Weg nach Verlassen des Strandes und der Wiese über ein kleines Bächlein unter das Blätterdach urwüchsiger Buchen. Wir nähern uns dem Südzipfel des Plauer Sees, die Ufer werden steiler. Nach einigen Kilometern erreichen wir das ehemalige Kneipp Kurbad Stuer, das einst eine vielgerühmte Wasserheilanstalt besaß. Ein bekannter Gast dieses Kurbades war Fritz Reuter, mecklenburgisches Urgestein und plattdeutscher

TOUR 5: Rund um den Plauer See
Ausgangspunkt: Plau am See   ca. 50 km

Schriftsteller. Mit Hilfe der Kraft des Wassers wollte er hier seine Rotwein-leidenschaft mildern. Es wird berichtet, dass seine Kuren von wenig Erfolg gekrönt waren, da die Verlockungen der Seeluster Logierhäuser bezüglich des roten Tropfens doch zu stark waren.

In Bad Stuer finden wir die Reste einer Wassermühle an einem Hotel. Hier gab es einmal eine Gaststätte mit dem seltenen Namen „Schweigt mir von Rom". Diese legendäre Gaststätte erwarb diesen Namen bereits vor mehr als 100 Jahren. Der Wirt des Gasthauses ließ sich auf eine Wette ein: ein Zecher behauptete zu vorgerückter Zeit, in nur wenigen Stunden eine Flasche Wein, gezeichnet vom Papst direkt aus Rom herbeischaffen zu können. Der Wirt, offensichtlich nie sehr weit aus seinem Ort herausgekommen, dachte an das christliche Rom im fernen Italien und nicht an den etwa 25 km entfernten Ort Rom bei Parchim, mit dem dort lebenden Bauern namens Papst, schlug ein und verlor diese Wette zum Gespött seiner Gäste. Immer wenn er danach daran erinnert wurde, wehrte er ab: „Schweigt mir von Rom".

Wir verlassen nun den Mecklenburgischen Seenradweg und setzen den Weg um den Südzipfel des Plauer Sees fort, um am schattigen Steilufer, einem der schön-sten Abschnitte unserer Tour, weiter in Richtung Norden zu fahren.

Nachdem wir diesen Uferweg etwa 3 km weiter gefahren sind, treten wir abermals aus dem Wald heraus, überqueren ein Bächlein über eine hölzerne Brücke und begeben uns über eine Wiese direkt zwischen dem Plauer und dem kleinen Suckower See wieder in den Wald hinein. Plauer See und Suckower See bildeten vor der Elderegulierung eine Einheit und erst durch die Absenkung des Wasserspiegels wurde der Suckower See vom Plauer See getrennt. Hier kann man besonders gut Schwäne, Enten, Kraniche und Eisvögel beobachten oder auch ein kühles Bad im Plauer See nehmen. Weiter führt uns der Weg am Seeufer entlang, ständig begleitet von hohen Buchen, dunklen Erlen und schlanken Eschen, deren Anblick im Wechsel romantischer Uferabschnitte immer wieder beeindruckt.

In Zislow begrüßt uns ein kleiner Badestrand und die Dampferanlegestelle, bevor wir unseren Weg über den langgezogenen Zeltplatz fortsetzen, ohne das Plauer Seeufer aus den Augen zu verlieren. Nachdem wir abermals steile, urwüchsige Uferwälder passiert haben, gelangen wir zum Lenz. Hier findet sich auch ein besonders schönes Steilufer, die Lenzer Höh'. Schon zur Jahrhundertwende erzählte man sich: „Wer nie hier von Lenzes Höh'n hat in Gottes schöne Welt geseh'n, ja den beneid ich wahrlich nicht, er ist und bleibt ein armer Wicht". Nach genossener Aussicht überqueren wir eine kürzlich rekonstruierte Eldebrücke. Die kanalisierte Elde mündet hier in den Plauer See. Der Kanal wurde im Zuge der Elderegulierung 1797/1803 mitten durch die im 15. Jahrhundert errichtete Lenzburg geführt und zerstörte sie so völlig. Am Lenzer Krug (Tipp für gutes Essen), hinter der Brücke, geht es ein Stück der Asphaltstraße weiter, um dann sofort wieder links in die Buchen abzubiegen. Diesem romantischen Buchenwald folgen wir fast 6 km in Richtung Norden. Im Buchenwald fallen überwachsene und bemooste Betonfragmente auf, die von einer ehemaligen Munitionsfabrik des Dritten Reiches her stammen. Wir verlassen nun den Buchenwald, um einen weiteren Campingplatz zu durchqueren. Von einer Anhöhe der sich anschließenden Wiese aus haben wir wieder einen sehr schönen Blick auf den See, der hier im Gegensatz zu den bisher gesehenen und erlebten Steilufern flach ausläuft und von Feldern begrenzt wird. Hier folgen wir weiter dem von Kopfweiden begrenzten Wanderweg nach Jürgenshof. Nachdem wir das Dörfchen passiert haben, führt uns der Weg zum Plauer Werder, einer einstigen Insel. Doch vorher kommen wir an einer Gaststätte vorbei, deren Spezialität fangfrischer Fisch ist. Frisch gestärkt steht man nun vor der Entscheidung, entweder den Plauer Werder zu umrunden, oder den Weg nach Norden am Ufer in Richtung Karow fortzusetzen. Auf dem Werder, der nun Halbinsel ist und schöne Uferwälder und Strände bietet, haben heute auch die Anhänger der Freikörperkultur einen Platz gefunden. Wer den Werder umrundet, gelangt wieder an den Ausgangspunkt, eine kleine Holzbrücke. Von hier aus führt uns ein schmaler Weg zwischen Grauweidengebüschen und Wiesen weiter in Richtung Norden, wo wir eine Bungalowsiedlung und einen Campingplatz passieren. Am Hauptgebäude verlassen wir den Zeltplatz, um durch ein kleines Kiefernwäldchen schließlich das Naturschutzgebiet „Nordufer des Plauer Sees" zu erreichen. Hier lohnt ein Blick vom „Moorochsen", dem Aussichtsturm, der Ausblicke über die ehemaligen Torfstiche gewährt, die neben einer Kormorankolonie zahlreiche weitere Wasservögel beherbergen. Von hier aus hat man die sicherste Möglichkeit, den König der Lüfte, den Seeadler, zu beobachten. Aber zurück zu unserer Tour, die wir zwischen Naturschutzgebiet (NSG) und Bundesstraße bis zum Sitz der Naturparkverwaltung „Nossentiner / Schwinzer Heide" fortsetzen, wo ein Blick in den „Karower Meiler", das Informationszentrum des Naturparks, lohnt und viele Hinweise zur heimischen Natur und für weitere

TOUR 5: **Rund um den Plauer See**

Ausgangspunkt: **Plau am See**   ca. 50 km

Ausflugsziele gegeben werden. Hier am Naturpark müssen wir nun zum ersten und letzten Mal die verschlungenen Wanderwege verlassen, um unseren Weg an der Karower Kreuzung links in Richtung Plau einige Kilometer über die Bundesstraße fortzusetzen. Dort, wo das Wasser des Plauer Sees in der langgezogenen Bucht der Leistener Lanke an die Bundesstraße heranreicht, können wir an der Gaststätte Heidekrug wieder links auf hellen Sandwegen in Ufernähe Richtung Plau weiterradeln. An zahlreichen Ferienhäusern vorbei erreichen wir

Quetzin. Dieses Dorf ist älter als Plau und durchlebte in mehr als 825 Jahren eine wechselvolle Geschichte. Am Quetziner Badestrand schauen wir noch einmal auf den Plauer See und sehen jetzt die einzige Insel im Plauer See, die kopfweidengesäumte Kohlinsel. Es wird berichtet, dass die Kohlinsel eine künstliche Insel sei, auf der sich bereits im neunten Jahrhundert eine Inselburg als Mittelpunkt des slawischen Siedlungsraumes befand. Der Name Kohlinsel stammt vom fruchtbaren Inselboden und der Nutzung der Insel in den zwanziger und dreißiger Jahren zum Gemüseanbau. Heute ist die Insel geschütztes Bodendenkmal. Wir setzen nun unseren Weg von Quetzin aus nach Süden fort, vorbei an einer modernen Krankenhaus- und Reha-Anlage, verstreuten Bungalow- und Eigenheimsiedlungen, kleinen Stränden und Uferwiesen und schließlich erreichen wir Plau am See.

In der Nähe der Hubbrücke und dem Ausgangspunkt unserer Tour laden Gaststätten zum Verweilen, in unmittelbarer Nähe zum Schiffsanleger das Fischerhaus mit Spezialitäten aus dem Plauer See. ■

TOUR 6: Die Kirchen im Dorf...

Ausgangspunkt: Lübz   ca. 42 km

Lübz - Lutheran - Lancken - Rom - Klein Niendorf - Burow - Kreien - Wilsen - Kuhwalk - Wahlstorf - Darß - Quaßliner Mühle - Vietlübbe - Karbow - Benzin - Broock - Lübz

Die Kirchen im Dorf...

...lassen Sie uns mit etwas Ruhe Kirchen anschauen – sie sind exzellente Zeugen der historischen und geschichtlichen Entwicklung unserer Kulturlandschaft und so vielgestaltig, wie das mehr als 1000jährige Land, das sie beherbergt. Es sind keine ausufernden Barockbauten, wie man sie aus dem Süden Deutschlands kennt. Mecklenburgische Dorfkirchen faszinieren durch ihre Schlichtheit. Sie bilden das Zentrum der alten, gewachsenen Orte. Wir stellen Ihnen zwei Routen vor, eine von Lübz und eine weitere von Plau ausgehend. Dabei haben wir die Möglichkeit, Kirchen aus einem Zeitraum von fast 700 Jahren zu entdecken. So stammen beispielsweise die Kirchen in Kreien und Karbow aus mittelalterlicher Zeit, um 1300. Während der Reformation um 1500 wurden die Fachwerkkirchen in Benzin und Wilsen gebaut und an der Schwelle zum 20sten Jahrhundert entstanden die Kirchen in Karbow und Darß als repräsentative Neubauten.

Den Ausgangspunkt der ersten Tour bildet das Eldestädtchen Lübz, das allein mit drei unterschiedlichen Kirchen aufwartet. Unweit des Marktplatzes befindet sich die Stadtkirche, die ihren Ursprung im 13. Jahrhundert hat. 1568 bis auf die Grundmauern niedergebrannt, wurde sie noch im gleichen Jahrhundert neu errichtet. Von der alten Kirche ist nur der Turm erhalten geblieben. Der Neubau ist ein Backsteinbau mit Feldsteinsockel und Elementen der Spätgotik und Frührenaissance. In der Kirche wurde die letzte Regentin, Herzogin Sophie, 1634 beigesetzt. Eine weitere, kleinere evangelische Kirche erreichen wir, wenn wir uns vom Marktplatz aus, die Elde überquerend, an der nächsten Querstraße rechts halten. Auf einer Anhöhe an der Elde in idyllischer Lage liegt diese kleine Fachwerkkirche, die Stiftskirche. Sie ist Teil des Witwenstiftes, das noch 1633 von besagter Herzogin Sophie gegründet worden war. Die Stiftskirche gehört heute zur evangelischen Gemeinde Lübz. Da sie kleiner und somit leichter beheizbar als die

Stadtkirche ist, wird sie heute als Winterkirche genutzt. Ein kleiner Dachreiter beherbergt die Glocken der Kirche. Die dritte und einzige katholische Kirche ist im Vergleich noch sehr jung. Die katholische Gemeinde Lübz gibt es erst seit 1922 und so entstand in jenem Jahr im ehemaligen Scheunenviertel von Lübz dieser Backsteinbau. Da unsere Tour nicht direkt daran vorbeiführt, empfiehlt sich der Besuch vielleicht zum Abschluss, wenn wir Lübz wieder erreichen.

Unsere Erkundungstour in das Umland beginnt am Marktplatz, von wo aus wir die Elde-Stadtschleuse überqueren, dann bei der Alten Post mit den kyrillischen Buchstaben im Putz links abbiegen und auf die alte Parchimer Straße fahren. Wir kommen am Haupteingang der Lübzer Brauerei und dem radlerfreundlichen Hotel Bühring vorbei, folgen nun dem Radweg parallel der B 191 und erreichen das 1324 erstmals erwähnte Lutheran, das sich damals noch Latran bzw. Lateran nannte. Da die Feldmark dieses Dorfes an die Feldmark des Dörfchens Rom, zudem wir noch kommen werden, grenzt, war man bemüht, hier Verbindungen zum römischen Lateran herzustellen. Zur Zeit der Reformation kam es dann zur Metamorphose des Namens, fortan hieß es Lutheran. Hier in Lutheran besichtigen wir die neugotische Kirche aus dem Jahre 1871, deren Vorgängerin, eine kleine Fachwerkkirche, abgerissen worden war. Von den zwei im Turm befindlichen Glocken ist die kleinere aus Bronze aus dem Jahre 1491. In Lutheran biegen wir dann an einem Autohaus rechts ab, überqueren wenig später die Bahnschienen der Bahnlinie Lübz-Parchim und folgen weiter der Straße nach Lancken. Der Weg führt uns durch eine reizvolle Kulturlandschaft. Die Lanckener Dorfkirche, ein frühgotischer Bau aus Feld- und Backstein, ist ungewöhnlich breit und anstelle eines Turmes gibt es einen freistehenden, niedrigen Glockenstuhl. Ein Flügelaltar mit kostbarer Schnitzarbeit aus spätgotischer Zeit schmückt den Innenraum. Auf einer Kirchentour darf natürlich ein Ausflug nach Rom (!) nicht fehlen. Deshalb folgen wir nun von Lancken aus dem ausgewiesenen Radweg und kreuzen abermals die Bahnlinie Lübz-Parchim.

Natürlich erreichen wir nicht die heilige Stadt, wohl aber ein 1310 erstmals urkundlich erwähntes Dörfchen, das heute den stolzen Namen Rom trägt. 1310 hieß das Dorf noch Rome, später wurde Rom daraus. Damals wie heute kam es zu postalischen Irrläufern zwischen diesem und dem südeuropäischen Rom. Fest steht auch, dass sich Papst Johannes XXII. in einer Streitsache zwischen dem Parchimer Bürger Reinward Medow und dem Priester Johann Huyre wegen der Errichtung einer Vikarei im Jahre 1320 mit unserem beschaulichen und

TOUR 6: Die Kirchen im Dorf...
Ausgangspunkt: Lübz ca. 42 km

schlichteren Rom zu beschäftigen hatte. Und eher bescheiden zeigt sich auch die Kirche bzw. Kapelle unseres Roms als schlichter Fachwerkbau ohne Turm und stammt aus dem Jahre 1668. Über einen Landweg verlassen wir Rom und fahren nach Klein Niendorf. Dort finden wir ebenfalls eine kleine Fachwerkkapelle aus dem 16. Jahrhundert, auch ohne Turm. Am Westgiebel der Kapelle hängt ein Glöckchen mit einem Durchmesser von sage und schreibe 25 Zentimetern, Sie müssen also schon genau hinschauen. Nun radeln wir weiter entlang der Müritz-Elde-Wasserstraße und erreichen das 1288 erstmals erwähnte Burow. Die neugotische Kirche aus dem Jahre 1873 ist sehr klein, so dass nur die Turmspitze zwischen Häusern und Bäumen zu sehen ist. Sie hat einen hölzernen Turm, in dem sich immerhin drei Glocken befinden. Glasmalereien zieren das Fenster der Ostseite.

Wir durchfahren dieses noch ursprüngliche Dorf zum neu entstandenen Wasserwanderrastplatz an der Elde, die wir über die kleine hölzerne Brücke („Hühnerleiter") queren. Nun geht die Fahrt durch die herrliche Landschaft, dem Feldweg links folgend, weiter nach Kreien. In Kreien erwartet uns die älteste Kirche unserer Tour. Die Kreiener Kirche ist ein schlichter rechteckiger Feldsteinbau aus dem 13. Jahrhundert mit hölzerner Flachdecke. Auch hier, wie schon in Lancken, fällt ein neben der Kirche stehender hölzerner Glockenstuhl auf. Kreien verlassen wir in Richtung Süden, fahren vorbei an einem Mischwald, und an Bunkern, die nach dem sog. kalten Krieg nicht mehr gebraucht wurden. Heute werden darin schmackhafte Champions gezüchtet.

Wir erreichen den im 13. Jahrhundert erstmals erwähnten Dorfrundling von Wilsen. Die Kapelle auf dem kleinen Dorfplatz ist die kleinste Kirche der Region. Der turmlose, schlichte Fachwerkbau stammt aus dem 18. Jahrhundert und ist eine Filialkirche (Tochterkirche) von Kreien. 60 Personen passen in diese Kapelle, deren Kirchglocke in Ermangelung eines Glockenturmes ihren Platz an der Westseite unter einem Schutzdach fand.

In Wilsen werden im nahen Gehlsbach Forellen gezüchtet, eine weitere, schmackhafte Spezialität der Region. Wir lassen Wilsen hinter uns und setzen den Weg nach Süden über eine Allee mit gekröpften Pappeln, vorbei an Kuhwalk, in Richtung Wahlstorf fort. Dabei bewegen wir uns im Grenzbereich der Bundesländer Mecklenburg-Vorpommern und Brandenburg. Der Künstlerhof in Kuhwalk, auf dem auch Malereiseminare angeboten werden, befindet sich bereits in Brandenburg.

TOUR 6: Die Kirchen im Dorf...
Ausgangspunkt: Lübz   ca. 42 km

Hinter Kuhwalk biegen wir links ab nach Wahlstorf und erreichen dieses Dorf am Rande der Retzower Heide. Wahlstorf ist ein Rundplatzdorf und wurde 1359 erstmals erwähnt. Der Ort hat selbst keine Kirche, da er zum Einzugsbereich der Kirche in Darß gehört, die wir gleich besuchen werden. Der Weg nach Darß führt uns durch ein Stück malerische Landschaft zwischen Wald und Heide. Die Kirche in Darß ist auch eine Filialkirche, nämlich von Karbow. Die neugotische Backsteinkirche stammt aus dem Jahre 1886. Im ausgehenden 19. Jahrhundert kam der repräsentative Backstein hier zum Einsatz, der dem damals geforderten Baustil und dem Zeitgeist entsprach. Im Turm finden sich noch gemalte Fenster der wesentlich schlichteren Vorgängerkirche. Von Darß aus geht es nun weiter, vorbei an der Quaßliner Mühle, wo sich im Bereich der Mündung des Mühlbaches in den Gehlsbach ein Aufsteller zum Naturschutzgebiet Gehlsbach befindet. Wir überqueren den Gehlsbach in Richtung Vietlübbe. Kurz hinter dieser erneuten Überquerung sehen wir linker Hand ein Hügelgrab, mit dichtem Busch- und Baumwerk überwachsen, so dass es zu dessen Erkennen einiger Fantasie bedarf. Unser Weg schlängelt sich durch die abwechslungsreiche Feldflur und wir bewegen uns auf den Kirchturm von Vietlübbe zu. Vietlübbe hatte lange Zeit keine Kirche. Im damals für die Gemeinde zuständigen Stepenitzer Kloster beteten die Nonnen zum Heiligen Vito und gaben das Gelübde, dass Sie den Ort nach ihm benennen würden, wenn sie es fertig brächten, dass hier eine Kirche gebaut würde. Das geschah dann und so kam Vietlübbe zu seinem Namen (Vito + Gelübde). Die heutige Vietlübber Kirche ist ebenfalls ein Backsteinbau in neugotischem Stil mit einem achteckigen Chorabschluss. Im Stil ähnelt sie der Darßer Kirche. Kein Wunder, stammt sie doch aus dem gleichen Zeitabschnitt - sie wurde 1882 erbaut. Auch sie ist repräsentativer Ersatz der 1878 einem Brand zum Opfer gefallenen schlichteren Vorgängerkirche. Der erst 1896 errichtete Turm wurde in den Jahren 1997/98, also fast hundert Jahre später, rekonstruiert.

Wir verlassen Vietlübbe über die Kreisstraße in Richtung Karbow. Hier sehen wir linkerhand auf einer Anhöhe die Karbower Dorfkirche, im Ursprung aus dem 13. Jahrhundert. Die Feldsteinkirche erhielt nach einem Brand 1604 einen Fach-

TOUR 6: **Die Kirchen im Dorf...**
Ausgangspunkt: **Lübz** ca. 42 km

werkgiebel. Der Fachwerkeingangsvorbau ist wohl wesentlich jünger. Der untere Teil des Glockenturmes besteht ebenfalls aus Fachwerk und der obere Teil hat eine Bretterverkleidung. Dieses Kirchlein mit seiner romantischen Ausstrahlung bietet sich an für besondere Feste und Ereignisse, wie z.B. Konzerte, besonders aber zieht es auch Brautpaare an.

Wir folgen weiter der Kreisstraße, um im Ortsteil Karbow Ausbau, der nur aus wenigen einzelnen Häusern besteht, rechts auf einen Feldweg abzubiegen, der in die Karbower Tannen mündet und uns nach Benzin führt. In dem kleinen Dorf, das von roten Backsteinhäuschen geprägt ist, steht auf dem Dorfplatz eine kleine Fachwerkkirche aus dem Jahre 1592, der Zeit der Reformation. Im Inneren findet sich ein sehenswerter Schnitzaltar. Von der Kirche aus geht es weiter auf der Dorfstraße, gerade über eine Kreisstraße, vorbei an dem Technischen Denkmal „Ziegelei Benzin", wo über 90 Jahre lang die die Umgebung prägenden roten Backsteine gebrannt wurden. Wir erreichen Broock, dessen frühgotische Feldsteinkirche aus dem ausgehenden 13. Jahrhundert vor allem im Chor noch eine romanische Anlage erkennen lässt. Hier ist Feldstein wichtigstes Baumaterial, an der einen und anderen Stelle ergänzt von roten Ziegeln unterschiedlichen Formats. Gegen alle Gewohnheit findet sich der hölzerne Glockenturm vor dem frühgotischen Portal an der Südseite der Kirche. Das wird der Sage nach damit begründet, dass an der unverbauten Nordseite einst Pesttote bestattet worden sind.

Von Broock aus nehmen wir nun den ausgebauten Radweg parallel zur Bundesstraße 191 zurück nach Lübz, wo unsere Tour begann. Und wenn jetzt noch Kraft da ist, dann machen wir einen kurzen Abstecher zur katholischen Kirche. Wir erreichen den Ort vom Marktplatz aus über den Ziegenmarkt und biegen fast am Ende der Kreiener Straße rechts ab. Wie erwähnt, handelt es sich um einen Backsteinbau des 20. Jahrhunderts, um die jüngste Kirche dieser Tour überhaupt.

Nicht zu vergessen, der Tipp für gutes Essen – heute vielleicht einen Abstecher in den Amtsturm oder die Eldeterrassen?

TOUR 7: Romanik, Gotik und Romantik
Ausgangspunkt: Plau am See   ca. 43 km

Plau am See - Plauerhagen - Daschow - Kuppentin - Altenlinden - Barkow - Schlemmin - Gnevsdorf - Barackendorf - Retzow - Ganzlin - Twietfort - Dresenower Mühle - Plau am See

Romanik, Gotik und Romantik
weitere Kirchensichten

Dieser Tagesausflug, in dessen Mittelpunkt die schlichten, sehr verschiedenartigen Dorfkirchen der Umgebung von Plau am See stehen, beginnt auf dem Plauer Marktplatz. Der Markt wird überragt von der Stadtkirche, die im 13. Jahrhundert entstand. Turm und Schiff wurden nach den Stadtbränden 1756 in vereinfachter Form wiederhergestellt. Am Turm sieht man noch deutlich Kalkspuren des einst niedriger gesetzten Chores. Die Hallenkirche westfälischen Typs vereint Stilelemente der Romanik und Gotik.

Von der Kirche aus geht es nun an der Post vorbei zunächst ein Stück in Richtung Lübz. Gleich hinter dem Bahnübergang biegen wir rechts ab, dann aufgepasst: gleich wieder links und rechts auf einen asphaltierten Landweg einbiegen, der uns durch die weite Feldflur nach Plauerhagen führt. In Plauerhagen biegen wir links ab und finden inmitten des Dorfes die mit einer Feldsteinmauer umgrenzte, romantisch anmutende Kirche aus dem Jahre 1783/84. Der schlichte Ziegel-Fachwerkbau wurde erst vor wenigen Jahren restauriert.

Auf dem Radweg längs zur Straße fahren wir jetzt von Plauerhagen nach Daschow und kommen direkt auf das ehemalige Gutshaus zu, das heute ein Landhotel mit empfehlenswerter regionaler Küche beherbergt, nämlich das Schloßhotel Daschow. Tipp: empfehlenswert ist übrigens auch ein Rundgang um den Daschower See.

Unser Weg führt uns aber bereits vor dem Gutshaus nach links, einer Obstbaum bestandenen Landstraße folgend, in Richtung Kuppentin (slawisch: „Ort der Kobolde"). In Kuppentin befindet sich eine der ältesten und architekturgeschichtlich bedeutendsten Dorfkirchen Mecklenburgs. Schon am äußeren Erscheinungsbild lassen sich verschiedene Baustile und –abschnitte ablesen: Das Langhaus aus dem 13. Jahrhundert verbindet sich mit dem gotischen Chor aus dem 15. Jahrhundert sowie dem hölzernen Glockenturm aus dem 18. Jahrhundert zu einem einmaligen Ensemble. Kürzlich saniert, beherbergt das Gebäude immer wieder wechselnde Ausstellungen, organisiert durch den Förderverein dieser Kirche. Nach Besichtigung der Kuppentiner Kirche fahren wir wieder ein Stück zurück, folgen der Beschilderung Altenlinden und Alte Schleuse und verlassen Kuppentin über einen sandigen Feldweg. Wir erreichen Altenlinden, ein ehemaliges Reichsvorzeigegut, das bis 1939 noch den slawischen Namen Hof Malchow trug. Als Spuren des ehemaligen Gutskomplexes finden sich noch einige Schnitterkasernen am Kuppentiner Weg.

Von Altenlinden aus fahren wir zur Elde, wo wir ein schönes Fachwerkhaus und die Barkower Schleuse (siehe hierzu auch die Elde-Tour) passieren. Rechts an der Bundesstraße abbiegend kommen wir nach Barkow, das mit einer Kirche aus dem 13. Jahrhundert aufwartet. Die zunächst aus Feldsteinen erbaute Kirche wurde im 17./18. Jahrhundert durch Ziegelfachwerk erweitert. Im hölzernen Kirchturm befindet sich eine der ältesten Glocken Mecklenburgs aus dem 14. Jahrhundert. In Barkow biegen wir nun links ab in die Schmiedestraße und fahren weiter nach Schlemmin. Dabei wechselt der Straßenbelag von Asphalt zu Kopfstein und reicht schließlich bis hin zu sandigen Feldwegen, denen nicht jedes Fahrrad gewachsen ist. Also nicht verzagen, wenn Ihr Rad nicht ganz so leicht rollt. In Schlemmin biegen wir links ab, um dem Wegweiser Wangelin folgend durch den Schlemminer Forst weiterzufahren. Dabei gelangen wir an eine Wegkreuzung, wo wir nicht nach Wangelin abbiegen, sondern den Weg geradeaus nach Gnevsdorf fortsetzen.

Gnevsdorf wird von dem weithin sichtbaren, schlanken Kirchturm, der mit 52 Metern Höhe der höchste der Umgebung ist, überragt. Er gehört zur neugotischen Backsteinkirche aus dem Jahre 1897, die auch heute die Hauptkirche der Region ist. Weitere Details zur Geschichte und auch warum die Kirchturmuhr einst dreizehn schlug, können Sie bei einer Kirchführung erfahren. Von der Kirche fahren wir die Dorfstraße zurück bis zum ausgeschilderten Abzweig nach Retzow. Auf diesem Weg sehen wir linkerhand den „Buchberg", der mit 118 m die höchste Erhebung in der Region ist. Über Barackendorf / Hof Retzow erreichen wir Retzow. Wir fahren weiter zum Dorfrundling, dem Zentrum des Dorfes. Hier finden wir die von einer Feldsteinmauer umgebene, turmlose Fachwerkkirche aus der Zeit des 30jährigen Krieges. Im Innern sind herrliche alte Mosaikfenster zu besichtigen. Unser Weg führt nun weiter über die Kreisstraße nach Ganzlin, wo wir den

TOUR 7: Romanik, Gotik und Romantik
Ausgangspunkt: Plau am See   ca. 43 km

Bahnübergang und die Bundesstraße geradeaus überqueren und im Dorfzentrum auf die nächste Kirche stoßen. Die 1903 im neugotischen Stil errichtete Kirche ersetzt ihre unscheinbarere Vorgängerin, eine Fachwerkkirche. Ganzlin verlassen wir über die ausgeschilderten Wege in Richtung Plauer See. Wir folgen der Uferlinie und erreichen dann über Twietfort und Dresenower Mühle wieder unseren Ausgangsort Plau am See.

Tipp: Für ein lukullisches Abendessen empfiehlt sich vielleicht das Parkhotel Klüschenberg. ■

TOUR 8: Natur + Park = Nossentiner / Schwinzer Heide

Ausgangspunkt: Karow   ca. 34 km

Karow - Naturparkverwaltung Nossentiner / Schwinzer Heide - Naturschutzgebiet „Nordufer des Plauer Sees" - Plauer Werder - Alt Schwerin - Drewitzer See - Sparow - Dreier See - Samoter See - Karow

Natur + Park = Nossentiner / Schwinzer Heide

Wir starten heute unsere Radtour in Karow, im Bereich der Naturparkverwaltung Nossentiner / Schwinzer Heide nahe des Kreuzungsbereiches B 103 und B 192.

Weite Kiefernforsten, zahlreiche Bäche, Moore, Feuchtwiesen, Heideflächen und eine Vielzahl unterschiedlicher Seen prägen das Bild des Naturparkes.

Der Naturpark Nossentiner / Schwinzer Heide wurde im Rahmen des Nationalparkprogramms, das in der Zeit der gesellschaftlichen und politischen Veränderungen 1990 geboren wurde, geplant und ausgewiesen. Diese wunderschöne, abwechslungsreiche Kulturlandschaft von überregionalem Wert zu erhalten, ist das zentrale Anliegen der Naturparkverwaltung.

Auf unserer heutigen Route lernen wir diese alte Kulturlandschaft kennen, erfahren etwas über den Einfluss des Menschen auf diese besondere Landschaft mit ihren Pflanzen und Tieren.

Vor Antritt unserer Fahrt können wir im neuen Informationszentrum, dem „Karower Meiler", viel Spannendes über den Landschaftsraum, einige Pflanzen und Tiere dieses Gebietes erfahren. Das Gebäude selbst ist schon sehenswert: es ist in seinem Äußeren einem Holzkohlemeiler nachempfunden und wurde im Wesentlichen mit Holz aus den umgebenden Forsten errichtet.

Nachdem wir uns nun auf den heutigen Ausflug eingestimmt haben, beginnen wir unsere Tour und folgen dem Rad- und Wanderweg, der parallel zur B 192 verläuft, in Richtung Malchow. Schon wenige Meter nachdem wir die Naturparkstation verlassen haben, stoßen wir auf einen Holzbohlenweg, über den wir das Fahrrad besser schieben, da die Bretter bei Feuchtigkeit doch recht rutschig sein können. Dieser Weg führt uns „trockenen" Fußes durch die aufgelassenen Torfstiche des Naturschutzgebietes "Nordufer des Plauer Sees". Hin und wieder gewähren uns

Baumlücken faszinierende Einblicke in diesen Lebensraum, in dem es u.a. noch Fischotter und zahlreiche Wasservögel gibt. Der Torf, der hier früher gewonnen wurde, fand als Brennmaterial in der nahen Glashütte Verwendung. Holz und später Torf sowie die weit verbreiteten Quarzsande der Heiden waren die Ausgangsstoffe zur Waldglaserzeugung, einem einstmals wichtigen Gewerbezweig. Die zur Glasherstellung notwendige Pottasche als Zuschlagstoff wurde aus verbranntem Holz gewonnen. Aufgrund des hohen Bedarfs kam es zur Übernutzung der Wälder und zur Holzknappheit, so dass dann hauptsächlich Torf als Brennstoff eingesetzt wurde und die weiten Torfstichlandschaften am Nordufer des Plauer Sees entstanden. Das bekannte bunte Waldglas kann man übrigens heute noch im Goldberger Museum sehen.

Wir folgen weiter unserem Weg, der uns nun an einer herrlichen Feuchtwiese vorbei führt, auf der oft Graugänse ihre Nahrung suchen, bis wir auf ein Schild mit der Aufschrift „Moorochse" treffen. Als Moorochse bezeichnen die Mecklenburger die Rohrdommel, einen sehr versteckt in den Schilfwäldern lebenden Schreitvogel, dessen Lautäußerungen an Kühe (Ochsen) erinnern. Im zeitigen Frühjahr kann man den Ruf der Großen Rohrdommel hier am Nordufer des Plauer Sees erleben. Nun weist unser Schild natürlich nicht auf das Vorkommen dieses Vogels hin, sondern führt uns zu einem Aussichtsturm, der den Namen „Moorochse" trägt. Von hier aus hat man einen wunderbaren (Ein-)Blick in das Naturschutzgebiet. Mit einigem Glück kann man hier Kormorane, Gänse, Enten und sogar den majestätischen Seeadler zu Gesicht bekommen.

Nach diesem kurzen Zwischenstopp setzen wir unseren Weg auf dem schmalen, naturnahen Radweg fort. Schon nach wenigen Metern werden wir mit einem fantastischen Blick über den 39 km^2 großen Plauer See belohnt. Schließlich erreichen wir einen Zeltplatz, den wir über den ufernahen Radweg passieren. Nach Zelten folgen einige Ferienhäuser und schließlich gelangen wir vorbei an Wiesenbereichen bis zum Plauer Werder. Hier biegen wir rechts herum und folgen über eine kleine Brücke dem asphaltierten Weg bis zu einem Zeltplatz, an dem uns ein naturbelassener Waldweg vorbei führt, ehe wir wieder den Uferweg erreichen. Dieser führt uns an einer Wiese vorbei in einen herrlichen Uferwald hinein. Und immer wieder haben wir einen bezaubernden Blick auf den Plauer See. Nach einigen Kilometern erreichen wir wieder die kleine Brücke, die den Plauer Werder mit dem Festland verbindet und ihn zur Halbinsel macht. In der Bucht, in der sich

TOUR 8: Natur + Park = Nossentiner / Schwinzer Heide

Ausgangspunkt: **Karow** ca. 34 km

auch eine Dampferanlegestelle befindet, sehen wir Netzkäfige, in denen Forellen herangezogen werden. Und der Duft verrät es: natürlich kann man hier in der Fischerei Wendorf diesen und andere Speisefische frisch geräuchert oder auf andere Art lecker zubereitet probieren. Frischer kann man Fisch wohl kaum genießen! Nach diesem empfehlenswerten Imbiss setzen wir den Weg auf der Betonspurbahn unter schattigen Kastanien in Richtung Alt Schwerin fort. In Alt Schwerin angekommen, fahren wir an der alten backsteinernen Dorfkirche vorbei geradeaus bis zur Bundesstraße, in die wir rechts einbiegen. Eine urige Dampf-lokomobile am Straßenrand macht uns auf das hiesige Agrarhistorische Museum aufmerksam, dem wir unbedingt einen Besuch abstatten sollten. Neben der zentralen Ausstellung im Hauptgebäude, einer ehemaligen Schnitterkaserne: „Rund um Arbeit und Leben auf dem Lande", gibt es weitere 29 Objekte im Dorf- und Außenbereich, die besichtigt werden können, darunter eine Windmühle, Tagelöhnerkaten, eine Schmiede und Technik vom Agrarflugzeug bis zum Dampfschlepper.

Wir setzen nach diesem interessanten Intermezzo unseren Weg fort, kreuzen Bahnschienen und folgen weiter der sich dahin schlängelnden Asphaltstraße, die Autobahn überquerend, in Richtung Sparow. Kurz vor Sparow kann man links ab-biegen und gelangt so zu einer Badestelle am Drewitzer See, der wegen seiner Lage und des sehr sauberen und klaren Wassers auch gern als Perle des Natur-parkes bezeichnet wird. Er ist ausgewiesenes Naturschutzgebiet und dennoch ist der Mensch nicht ausgeschlossen. Wir folgen dem Weg etwas weiter und treffen auf ein beeindruckendes Großsteingrab, das zu den frühesten Siedlungsspuren unseres Raumes gehört.

Wir kehren nach diesem kleinen Abstecher zurück zur Asphaltstraße und erreichen nun das Dorf Sparow, das gleich mit zwei Sehenswürdigkeiten aufwartet. Zum einen ist da der Gutshof Sparow. Herzstück der Anlage ist das in seiner äußeren Ansicht originalgetreu rekonstruierte Gutshaus. Die zum Gutshof gehörigen Ställe wurden abgetragen und wieder neu errichtet. Sie beherbergen heute einen großzügigen Sport- und Freizeitkomplex mit zahlreichen Fitness- und Wellness-angeboten. Von Saunabesuchen bis zum Squash wird einiges geboten. Natürlich kommt auch die kulinarische Seite nicht zu kurz.

Sparow besaß in vergangener Zeit nie eine Kirche oder Kapelle. Vor wenigen Jahren, im Zuge der Sanierung und des Ausbaus der Hotel- und Gutsanlage

TOUR 8: Natur + Park = Nossentiner / Schwinzer Heide

Ausgangspunkt: Karow   ca. 34 km

Sparow, wurde eine kleine Kapelle neu errichtet. Heute finden hier vor allem Trauungen und Konzerte statt.

Für die kleinen Besucher ist etwas Besonderes da: sie tummeln sich mit Vorliebe auf dem Spielplatz „Voradlerauge", von dem aus man einen Fischadlerhorst auf einem Elektromast sehen kann.

Die zweite Sehenswürdigkeit Sparows finden wir wenige Meter nach dem Dorfausgang, nämlich einen originalgetreu aufgebauten Teerschwelofen. Dieser Ofen wird mehrmals im Jahr geheizt und die gewonnene Holzkohle vor Ort verkauft.

Teeröfen und Glashütten prägten besonders im 17./18. Jahrhundert das Gebiet der Nossentiner / Schwinzer Heide. Teerschwelereien produzierten neben Holzteer für Schiffbau und Fischerei auch die Holzkohle für Glashütten, Kalköfen und Ziegeleien. Am besten, Sie lassen sich vor Ort fachkundig in die Kunst des Teerschwelens einführen. Übrigens durch die starke Nutzung der umliegenden Wälder für Teerschwelereien, Glashütten, die expandierende Bauindustrie usw., wurden die Mischwälder der Sanderflächen zu Heiden degradiert. Um der Holznot zu begegnen, entstand in der zweiten Hälfte des 18. Jahrhunderts dann die Forstwirtschaft und weite Bereiche wurden mit der genügsamen Kiefer aufgeforstet.

Lassen Sie uns ein wenig diesen Landschaftsraum der weiten, stillen Kiefernheiden erkunden. Dazu fahren wir zunächst, so wie wir gekommen sind, bis zur Autobahn bei Alt Schwerin zurück. Diesmal biegen wir aber vor der Autobahn rechts ab. Ein schmales Asphaltband führt uns am Drewitzer See entlang nordwärts. Bald geht die Asphaltstraße in sandige Wege über, die uns zwischen Drewitzer See und Autobahn unter schattigen Kiefern unterschiedlichen Alters weiter nach Norden führen. Schließlich erreichen wir das Tagungs- und Seminarhotel KIWI direkt am Dreier See, einem weiteren idyllischen Waldsee. Wir folgen weiter unserem Weg. Nach rund einem Kilometer treffen wir auf ein paar weitere Häuschen und einen sehenswerten Findlingsgarten, von dem man außerdem noch einen schönen Blick über den Nordteil des Drewitzer Sees hat. Die unterschiedlichen, z.T. sehr großen Findlinge, die hier präsentiert werden, brachten vor mehr als 12.000 Jahren skandinavische Gletscher mit der Eiszeit zu uns. Über die Mineralienzusammensetzung der Steine kann man ihre Herkunft, ihr „Muttergebirge", aus dem das Eis sie brach, feststellen. Also sehen Sie selbst, wie „weit gereist" mecklenburgische Steine sind.

Weiter geht nun die Fahrt auf unserem vertrauten Weg, der abschnittsweise wie-

TOUR 8: Natur + Park = Nossentiner / Schwinzer Heide
Ausgangspunkt: Karow   ca. 34 km

der asphaltiert ist, in Richtung Norden zwischen Autobahn und See. Schließlich gelangen wir mitten im Kiefernforst an eine relativ große Kreuzung. Hier biegen wir links ab und folgen dem Wegweiser Richtung Glave. Ein kleiner Tunnel führt uns unter der Autobahn hindurch. Wir bleiben nun eine kurze Weile auf diesem Weg in den Kiefernforst und münden auf einen breiten Sandweg, in den wir links abbiegen und dabei den Weg nach Glave verlassen. Unser neuer, breiter Sandweg führt uns

TOUR 8: Natur + Park = Nossentiner / Schwinzer Heide
Ausgangspunkt: Karow   ca. 34 km

nun wieder Richtung Süden zurück nach Karow, nach einigen hundert Metern wird auch ein Wegweiser darauf aufmerksam machen. Auch wenn dieser Weg uns durch den sogenannten „Zuckersand" hin und wieder zum Absteigen zwingt, verlassen sollten wir ihn nicht, führt er uns doch nun einige Kilometer durch die einsame Kiefernheide, ohne dass wir auf menschliche Siedlungen o.ä. treffen. Genießen wir also die Ruhe der weiten Forste. Der von den Kiefern verströmte aromatische Duft enthält das antibakteriell wirkende Pinosolvin, also an dem Sprichwort von der gesunden Waldluft ist doch einiges dran. Ab und an passieren wir linker Hand kleinere Waldheideseen wie den Großen Rederang und kleine Wiesenbereiche, ehe wir nach einigen Kilometern „Einsamkeit" dem Wegweiser rechts in Richtung Karow folgen müssen. Hier kommen wir nun am fast vollständig verschilften Plumsee und dem verträumten größeren Samoter See vorbei. Der Samoter See weist aufgrund der guten Wasserqualität Sichttiefen bis zu fünf Metern auf und gehört so zu den wenigen Klarwasserseen Norddeutschlands. Übrigens, um den Samoter See führt ein Naturlehrpfad herum. Wer also noch Kraft und Lust hat...

Wir setzen mit oder ohne Zwischenstopp unseren Weg auf dem breiten, hellen Sandweg im Schatten der würzig duftenden Kiefern fort und gelangen so zu einem Eingangsbereich des Naturparkes Nossentiner/Schwinzer Heide in unmittelbarer Nähe des Dorfes Karow an der Bundesstraße 103. Der Bundesstraße links herum folgend, erreichen wir das Dorf Karow mit seinem Bahnhof, einer alten Kirche und den beiden backsteinernen Wassertürmen. Nachdem wir das Dorf auf der Bundesstraße passiert haben, gelangen wir wieder zur Ampelkreuzung, von der aus wir links die Naturparkverwaltung, unseren Ausgangspunkt sehen.

Tipp: Übrigens lässt sich die Tour auch sehr gut vom Bahnhof Karow aus starten und beenden, per Bahn könnte es dann weiter gehen.

TOUR 9: Wundersame Natur
Ausgangspunkt: Plau am See   ca. 45 km

Plau am See - Klüschenberg - Plauer Ziegelei - Stadtwald - Appelburg - Gaarz - Gnevsdorf - Barackendorf - Hof Retzow - Retzow - Naturschutzgebiet „Marienfließ" - Wahlstorf - Darß - Quaßliner Mühle - Vietlübbe - Naturschutzgebiet „Wangeliner See" - Krim - Barackendorf - Wangelin - Reppentin - Plau am See

Wundersame Natur
von Lehmen, Tonen, Mooren, Sandern und anderen Tieren

Unser heutiger Ausflug führt uns wieder einmal durch die abwechslungsreiche Natur der LEHM + BACKSTEINSTRASSE. Die natürlichen Voraussetzungen für die Landschaftsausprägung stammen aus der Eiszeit. Die Verteilung von fruchtbaren Lehmen, stauenden Tonen und durchlässigen Sanden durch die eiszeitlichen Gletscher bestimmen seither Siedlungsstrukturen, Wirtschaftsweisen und Pflanzendecke der Region. Dabei wechseln innerhalb weniger Kilometer frische Buchenwälder, kühle Seen und Moore mit der trockenen, sonnendurchglühten Sandheide des Naturschutzgebietes „Marienfließ". Naturlehrpfade bringen uns wissenswerten Details zur heimischen Natur näher. Dem Motto folgend: „man sieht vor allem das, was man weiß", können wir nun mit geschärften Sinnen in der abwechslungsreichen Kulturlandschaft und den verschiedenen Schutzgebieten Natur aus erster Hand entdecken und erleben.

Zum Ausgangspunkt haben wir Plau am See auserkoren. Wir verlassen den Luftkurort über die Hubbrücke in Richtung Süden. Am Kino überqueren wir die Straße, um über eine Anhöhe zum naturgeschützten Stadtwald aufzubrechen. Wir kommen am Klüschenberg vorbei, auf dessen Anhöhe ein schöner Park angelegt wurde. Früher wurde an seinem Südhang sogar einmal Wein angebaut. Der aus diesen Trauben gekelterte „Multrecker" (Maulzieher), war so ein saures Tröpfchen, dass er sich nicht einmal verschenken ließ.
Uns führt der Weg weiter zur Ruine der Plauer Ziegelei, wo rund 300 Jahre Ziegel gebrannt worden waren. Links neben der Ziegelei führt ein Weg zu einem

TOUR 9: Wundersame Natur

Ausgangspunkt: Plau am See ca. 45 km

Naturlehrpfad, der sich um den Ziegeleisee, die aufgelassene Tongrube schlängelt. Hier kann man mit einigem Glück den fliegenden Edelstein Mecklenburgs, den metallisch blauen Eisvogel beobachten.

Wir fahren rechts am Ziegeleisee entlang, an einer kleiner Wiese vorbei und dann rechts über einen Eichenbohlenweg durch ein mit Erlen bestocktes Niedermoor, das durch seine Ursprünglichkeit beeindruckt. Anschließend führt unser Weg in Richtung Süden durch einen herrlichen, naturnahen Buchenwald, in dessen lichtem Kronendach Pirol und Laubsänger mit ihren Gesängen und Rufen aufwarten. Am Boden finden sich in der Vegetation aufgrund des Lehmbodens, der hier auch noch besonders kalkhaltig ist, verschiedene Orchideen und andere seltene Pflanzen. Der gesamte Stadtwald besteht aus einem eiszeitlich geformten System von Rinnen und Wällen. Und so werden die schattigen Buchen immer wieder von offenen Wiesen, Mooren und Seen unterbrochen und vermitteln ein äußerst abwechslungsreiches Bild. Wir kommen an kleinen Seen und einem slawischen Burgwall vorbei, ehe wir den Wald bei Appelburg wieder verlassen. Da der Weg über tonigen und lehmigen Untergrund führt, kann er nach Regenperioden schwer befahrbar sein. Für diesen Fall sollte man über den Holzbohlenweg zurückfahren, seinen Weg um die aufgelassene Tongrube und dem ähnlich schönen, aber besser befahrbaren Waldweg bis Appelburg fortsetzen. Hier folgen wir kurz der Bundesstraße den Berg hinauf, wo wir an der Tankstelle rechts abbiegen und den beiderseits bewachsenen Weg über die Bahnschienen geradeaus nach Gaarz nehmen. Hinter dem Dorf geht es ein paar hundert Meter die Asphaltstraße entlang, bevor wir links in einen Feldweg in Richtung Gnevsdorf einbiegen. Hecken und einzelne Bäume säumen den Feldweg, von dem aus unsere Blicke über die gegliederte, weitläufige Feldflur schweifen können. Begleitet vom Lied der Feldlerchen und Ammern, vielleicht auch dem eigentümlichen Ruf der Wachtel, den der Mecklenburger mit „Flick de Büchs" übersetzt, erreichen wir Gnevsdorf, dessen Kirchturm uns von Weitem schon grüßt. In Gnevsdorf fahren wir zunächst rechts, folgen kurz der abbiegenden Dorfstraße, um dann gleich wieder links in Richtung Retzow abzubiegen. Unser asphaltierter Weg führt direkt auf der hügligen Endmoräne der letzten Eiszeit entlang. Schlehenhecken umgrenzen je nach Laune des Landwirts weite Rapsmeere oder wogende Getreidefelder. Wir kommen am Muschelberg vorbei, von dem aus wir auf den mit 118 Metern höchsten „Berg" der Gegend, den Buchberg, sehen können. In Barackendorf biegen wir links ab, durchfahren erst Hof Retzow und weiter eine schattige Lindenallee, um dann rechts der baumgesäumten Kreisstraße nach Retzow zu folgen. In der Kurve des Dorfeingangs biegen wir scharf links ab in das NSG „Marienfließ", ein Wegweiser zeigt die Richtung. Dieser größte Magerrasen- und Trockenstandort Mecklenburgs wartet mit einer völlig anderen Landschaft auf. Wenn wir aus den aromatisch duftenden Kiefernforsten heraustreten, liegt vor uns eine flache Graslandschaft, die an eine Steppe erinnert. Nährstoffarme Sande im Boden und die ehemalige Nutzung der Flächen als Truppenübungsplatz der Roten Armee, führten zur Entstehung der ungewöhnlichen Kulturlandschaft. Die lückige Vegetation wird im Juni/Juli von zahlreichen blühenden Kräutern, im August vom falben Gold sonnengebleichter Gräser und im August/September vom zarten lila der blühenden Besenheide geprägt. In einem weit gespannten Himmel jubilieren Lerchen und weiße Wolkengebirge schaffen eigene Himmelslandschaften. Die heimlichen Herrscher der Heide sind die Insekten, es lohnt sich, einmal genauer hinzuschauen. Warum der Ölkäfer das Logo der Heide ziert, und was es mit den Wölfen und Löwen von Retzow auf sich hat, kann man bestens bei einer geführten Wanderung durch das Gebiet erfahren.

Wir setzen unseren Weg am Waldrand nach Westen fort, biegen nach rechts auf den Retzow - Wahlstorfer Weg, der uns auf sandigem Untergrund durch weite einsame Kiefernforsten nach Wahlstorf führt. Kaum dort angekommen, biegen wir rechts nach Darß und dort wieder rechts zur Quaßliner Mühle ab. Die Quaßliner Mühle steht am ebenfalls naturgeschützten Gehlsbach. Auf seine Besonderheiten macht eine Schautafel aufmerksam. Wir biegen links nach Vietlübbe ab. Nachdem wir das Dorf rechts abbiegend durchqueren, fahren wir auf der Kreisstraße zunächst Richtung Gnevsdorf - Wangelin. Wenige hundert Meter weiter biegen wir rechts an einer Feldhecke in einen Feldweg ein. Durch diesen, im zweiten Abschnitt sehr urigen Feldweg, der früher einmal Teil der alten Poststraße Berlin - Hamburg war, gelangt man zu einer Schutzhütte und Feldsteinmauer, von der aus

TOUR 9: Wundersame Natur

Ausgangspunkt: Plau am See   ca. 45 km

man einen schönen Blick auf Wangelin und das Naturschutzgebiet „Wangeliner See" hat. Der Wangeliner See wird wegen des starken Pflanzenbewuchses oftmals kaum als See wahrgenommen. Doch das nährstoffreiche Flachgewässer beherbergt neben Kranich, Fischreiher, Kiebitz, Rohrweihe und Graugans zahlreiche weitere Wasservögel.

Wir setzen unseren Weg auf einem schmalen Asphaltband, vorbei an einem schönen Dreiseithof, der früher Pferdewechselstation für Postkutschen war, fort. Das Gehöft trägt seit den Tagen der Krimkriege den etwas exotischen Namen Krim, hat aber sonst nichts mit der berühmten Schwarzmeerhalbinsel zu tun. Links von unserem Weg fallen vergehende Reisighaufen auf. Sie gehören zu einer Benjeshecke. Hier wurde Heckenschnitt gestapelt und dieser bot so zahlreichen Tieren Schutz und Unterschlupf. Die Tiere wiederum trugen Samen ein, die jetzt im Schutz des Altreisigs zum Aufwuchs einer neuen, natürlichen Hecke führen. Kurz vor Retzow biegen wir scharf links im Bereich junger Kopfweiden und Linden nach Barackendorf ab. Diesmal biegen wir an der Kreuzung, wo wir morgens schon einmal waren, links ab und gelangen durch die Felder auf einer Betonspurbahn nach Wangelin. In dem ursprünglichen, gepflegten Dorf brütet noch der Weißstorch. Wir machen einen Abstecher in den links gelegenen „Wangeliner Garten". In 9 verschiedenen Abteilungen werden mehr als 800 Pflanzenarten gezeigt. Neben dem typischen Bauerngarten, verschiedenen Kräutern findet man hier u. a. auch Zauber- und Bionikpflanzen. Lassen Sie sich führen und überraschen. Gleich in der Nähe kann man einem Feldweg folgend zu einer Aussichtsplattform gelangen. Von hier aus hat man abermals einen guten Blick auf das Naturschutzgebiet des Wangeliner Sees. In den umliegenden Wiesen sucht der Wangeliner Storch bevorzugt seine Nahrung. Nach diesem Zwischenstopp geht es zurück auf die Straße. In der Kurve am Dorfrand von Wangelin biegen wir scharf links auf einen Feldweg ab, der uns bergan führt. Auf dem sogenannten 105 Meter hohen Windmühlenberg angekommen eröffnet sich wieder ein fantastischer Blick in das Bilderbuch „Mecklenburg". Die Anhöhe macht uns darauf aufmerksam, dass wir nun den ebenen, trockenen Sander wieder verlassen haben, um über die Hügel der Endmoräne den Heimweg anzutreten. Dieser führt uns durch den abwechslungsreichen Schlemminer Forst über Reppentin nach Plau am See, dem wasserbetonten Ausgangspunkt unseres Tagesausfluges durch die abwechslungsreiche Natur an der LEHM + BACKSTEINSTRASSE. ∎

TOUR 10: Auf den Spuren alter Herrensitze

Ausgangspunkt: **Lübz**   ca. 35 km

Lübz - Lutheran - Beckendorf - Greven - Lindenbeck - Benthen - Welzin - Passow - Charlottenhof - Hof Brüz - Unterbrüz - Diestelow - Neuhof - Zahren - Bobziner Schleuse - Bobzin - Lübz

Auf den Spuren alter Herrensitze
Gutshäuser im Lübzer Land

Wir starten heute wieder einmal von Lübz aus, Treffpunkt: Marktplatz am Amtsturm. Hier finden wir zwar kein Gutshaus vor, aber dennoch einen alten Herrschaftssitz. Der Lübzer Amtsturm ist nämlich einer der letzten erhaltenen Wehrtürme der 1308 hier errichteten Eldenburg. Sie wurde zum Schutz gegen die vielen Raubüberfälle der damaligen Zeit vom brandenburgischen Markgrafen Otto IV und seinem Sohn errichtet, ging aber bald in mecklenburgischen Besitz über. Von 1537 bis 1634 war Lübz fürstlicher Witwensitz, der nacheinander drei Regentinnen beherbergte. Nach dem Tod der Herzogin Sophie, deren Grabmal sich in der Stadtkirche befindet, zerfiel das Schloss zunehmend. 1759 wurden auf den Fundamenten des ehemaligen Schlosses ein großherzogliches Amt errichtet. Seither heißt der nahe Turm Amtsturm, ist Wahrzeichen der Stadt und beherbergt heute ein kleines, beachtliches Stadtmuseum.

Wir verlassen Lübz vorbei an der alten Wassermühle (Sparkasse), die Elde an der Stadtschleuse überquerend. Am ehemaligen Postgebäude biegen wir links ab in Richtung Lutheran. Dazu nutzen wir außerhalb von Lübz den parallel zur Bundesstraße verlaufenden Radweg. In Lutheran überqueren wir die Bundesstraße in Höhe eines Autohauses, um ein kurzes Wegstück über Kopfsteinpflaster zurückzulegen. Noch ehe wir das Dorf verlassen, biegen wir links auf einen asphaltierten Feldweg ein. Dieser führt uns durch die weitläufige Feldflur nach Beckendorf. Schon bei der Überquerung der Bahnschienen können wir das Beckendorfer Gutshaus erkennen. Die Architekturzitate eines Villenbaus - wie zum Beispiel der auffallende halbrunde Vorbau - sind Resultat einer Modernisierung entsprechend des Zeitgeistes um 1900. Die Kubatur und das hohe Mansardenwalmdach des

TOUR 10: Auf den Spuren alter Herrensitze
Ausgangspunkt: Lübz   ca. 35 km

Hauses weisen auf eine Bauzeit wohl um die Mitte des 18. Jahrhunderts. Wir folgen der Dorfstraße und kommen im Schutze einiger Straßenbäume an die Bundesstraße. Hier biegen wir rechts ein in Richtung Greven. In Greven angekommen, entdecken wir linkerhand die Dorfkirche aus dem Jahre 1721. Ungewöhnlich ist ihr Zwiebelturm, der auch nach der Renovierung im ausgehenden 19. Jahrhundert seine Form behielt. Gegenüber der Kirche erblicken wir zunächst das Gutshaus von seiner Rückseite und zwei, durch die neue Wohnnutzung erhaltene, sehr beeindruckende Wirtschaftsgebäude. Das ursprüngliche Gutshaus ist das Bauernhaus, wohl aus dem 18. Jahrhundert stammend, vielleicht war es auch einst ein Fachwerkbau. Der zweigeschossige blockförmige Bau mit seinem Walmdach ist etwa um 1860 zusammen mit dem großen Landschaftspark entstanden. Den einheitlichen, neuklassizistischen Putz erhielten beide Gebäude 1884, entsprechend der Inschrift. Heute beherbergt das Gutshaus und der ausgebaute Pferdestall das Jugendförderwerk Greven. Wir verlassen nun Greven über die Bundesstraße in Richtung Lindenbeck. Am Ortsausgang linkerhand zeigt sich der einmal zum Gutshaus gehörende Landschaftspark und rechterhand fällt eine Fachwerkvilla auf, die aus den Anfangsjahren des 20. Jahrhunderts stammt. Im Schutze einer schattigen Allee erreichen wir Lindenbeck. Rechts von der Straße stand einst eine Gutshofanlage. Der ursprüngliche denkmalgeschützte Fachwerkbau vom Anfang des 18. Jahrhunderts mit einem rechtwinkligen Anbau wurde 1996 abgebrochen und in anderer Form unter Verwendung weniger alter Hölzer und ohne Anbau neu errichtet.

TOUR 10: Auf den Spuren alter Herrensitze

Ausgangspunkt: Lübz   ca. 35 km

Wir setzen unseren Weg auf der baumgesäumten Kreisstraße in Richtung Granzin fort. Am Ortseingang Granzin biegen wir rechts auf einen asphaltierten Feldweg ab in Richtung Tannenhof / Benthen. Die hügelige Agrarlandschaft gewährt je nach Jahreszeit manchen schönen Blick. Zwischenzeitlich durchqueren wir Tannenhof mit seiner sehr lockeren Bebauung. Von der einstigen Gutsanlage ist nichts mehr erhalten. Wenige ehemalige Katen sind Einfamilienhäuser geworden und bilden mit einigen Neubauten den Ort. Das Gutshaus wurde Mitte der 80iger Jahre wegen Baufälligkeit abgebrochen. Der Teich und ein Hain markieren noch den Standort. Schließlich erreichen wir Benthen. Hier zeigt sich uns rechter Hand zuerst die herrliche Feldsteinkirche aus dem 13. Jahrhundert mit ihrem backsteinernen Turm.

Die Straße führt jetzt über den ehemaligen Gutshof. Historisch war das Gutshaus durch die Auffahrt und das Rondell klar vom Gutsbetrieb getrennt. Das gerade renovierte Gutshaus, die Reste einer neugotischen Architektur, blieb erhalten. Es ist wohl ebenfalls ein Umbau vom Anfang des 19. Jahrhunderts. Wir verlassen Benthen auf der Hauptstraße und gelangen nach Welzin, wo wir ein leider ungenutztes, vor 1800 errichtetes Fachwerkgebäude mit klarer klassizistischer Gliederung links der Straße erblicken. Die mächtige, geschützte Eiche in der ehemaligen Umfahrt des Gutshofes, der verwilderte Parkrest hinter dem Gutshaus und das inzwischen zum Teil mit wildem Wein umwachsene Gebäude geben dem Ort eine romantische Note. Bleibt zu wünschen, dass das Gutshaus mit dem weiten Areal des Hofes zukünftig durch Nutzung in seinem dorfbildprägenden Charakter erhalten werden kann.

Wir verlassen Welzin, indem wir die Straße vor dem Gutshaus queren und unsere Fahrt in Richtung Passow fortsetzen. Auch hier in Passow begrüßt uns zunächst die neugotische Backsteinkirche von Theodor Krüger aus dem Jahre 1868. Vom kleinen Dorfplatz aus erschließt sich uns zur Rechten das Gutshausensemble, das von den Einheimischen auch als Schloss bezeichnet wird. In der Tat ist der Anspruch an den zweigeschossigen Bau, mit seinen niedrigen Seitenflügeln und auf viertelkreisförmigen Grundriss, der eines Gutsschlosses. Das im ausgehenden Klassizismus entstandene Gebäude ist sowohl wegen seines hohen Denkmalwertes als auch seiner jetzigen Nutzung als Hotel und Gaststätte etwas besonderes. Im Inneren überrascht nicht nur das gediegene Mobiliar des über zwei Geschosse reichenden Vestibüls mit seiner umlaufenden Galerie im

TOUR 10: Auf den Spuren alter Herrensitze
Ausgangspunkt: Lübz   ca. 35 km

Obergeschoss, sondern auch das italienische Flair. Der Bodenbelag und der Kamin sind aus Carrara-Marmor und die Wände dieses Raumes sind gänzlich mit Malereien des Italieners Guiseppe Anselmo Pellicia nach pompejanischen Motiven geschmückt. Es wird erzählt, dass der damalige Bauherr um die Gunst einer italienischen Prinzessin buhlte. Um ihr ein entsprechendes Domizil bieten zu können, ließ er das Gutshaus umbauen und italienische Stilelemente einfließen.

Nun geht es weiter über den kleinen Dorfplatz in Richtung Charlottenhof. Mit dem unbefestigten Feldweg beginnt einer der landschaftlich reizvollsten Abschnitte unseres heutigen Tagesausfluges. Wieder geht es durch die abwechslungsreiche Feldflur und lockere Wäldchen. Schließlich erreichen wir einen Ferien- und Reiterhof, der zur Rast lädt. Wir können bei Bedarf den Sattel unseres Drahtesels gegen den eines Pferdes oder Ponys tauschen. Charlottenhof, zum Gutsbesitz von Passow gehörend, besaß kein Gutshaus. Es gab dort fünf Hauswirte, die in den zwei langgestreckten Gebäuden östlich und westlich der Hofanlage wohnten. Weiter geht es dann links am Reiterhof vorbei, den Feldweg entlang, eine Bahnlinie querend, nach Brüz. Wir fahren nach links in Brüz ein und befinden uns auf dem ehemaligen Gutshof. Auf der linken Straßenseite ist ein Speichergebäude erhalten und der ehemalige Park ist wohl noch erkennbar. Das Gutshaus stand ebenfalls auf dieser Seite, zurückgesetzt längs zur Straße. 1994 brannte es in dem seit 1990 leer stehenden Haus. Die Brandruine wurde abgetragen.

Der Kopfsteinpflasterstraße folgend, erreichen wir rechts wieder einen Feldweg nach Unterbrüz. Dieser alte Feldweg, der streckenweise als Hohlweg ausgebildet ist, will in seiner landschaftsromantischen Ausprägung genossen werden. In Unterbrüz angekommen, fühlen wir uns beim Anblick der herrlichen Feldsteinkirche in die Vergangenheit zurückversetzt. Die Feldsteinmauern der 1220 errichteten Wehrkirche sind mehr als 2 Meter dick! Die Innentür des Chorraumes besteht aus 8 cm dicken Eichenbohlen - die Beschläge stammen noch aus der Erbauungszeit. Ungewöhnlich ist auch, dass man durch das Portal sieben Stufen in die Kirche hinuntersteigen muss. Die ursprünglichen Portale sind vor über 100 Jahren zugemauert worden.

Wir setzen unseren Weg fort, dem Sandweg geradeaus folgend, an der Kirche vorbei, am Rande des weiträumigen Landschafts- und ehemaligen Gutsparkes in Richtung Diestelow. Der Rosengarten und der kleine See, Bestandteile des Parkes, laden ein zu einer kleinen Rast. Das Gutshaus suchen Sie aber verge-

TOUR 10: **Auf den Spuren alter Herrensitze**

Ausgangspunkt: **Lübz**   ca. 35 km

bens, es trennte Hof und Park und wurde in den 80iger Jahren abgebrochen - ein unwiederbringlicher Verlust.

Wir fahren durch Diestelow bis an die Kreisstraße heran und biegen rechts in Richtung Neuhof, Zahren ab. Der glatte Asphalt lässt uns bald Neuhof passieren. Hier fallen zahlreiche Häuser durch ihren gleichen Grundriss und Abstand zueinander auf. Neuhof wurde im 18. Jahrhundert als Vorwerk zum Gut Diestelow angelegt. Das Neuhofer Gutshaus ist ein Fachwerkbau, dessen mächtiges Krüppelwalmdach mit Fledermausgauben fast 200 Jahre unbeschadet überdauerte. Aber zurück zu den merkwürdig uniformen Häusern: Es sind Winkelbauten, die erst in den 20iger Jahren des 20. Jahrhunderts als Siedlerhäuser angelegt wurden. Nach dem 1. Weltkrieg wurde durch Landgesellschaften Land von verschuldeten Gutsbesitzern bzw. unrentablen Domanialgütern aufgekauft und das Land an siedlungswillige Bürger auf der Basis des „Reichssiedlungsgesetzes" von 1919 verkauft. Die in Neuhof errichteten Winkelhöfe entsprechen in ihrer Architektur dem Heimatstil der 20iger Jahre.

Nach einigen weiteren Kilometern weist uns ein gelber Wegweiser den Weg nach Zahren. Dazu verlassen wir die Straße, um links abbiegend im kühlen Schatten einer Kastanienallee, die über den einstigen Gutshof führte und nun Dorfstraße ist, das Zahrener Gutshaus zu erreichen. Das Gutshaus steht auf einem jetzt weiträumigen Platz am Ende der Allee. Einige Wirtschaftsgebäude und Katen sind erhalten und dadurch ist die alte Anlage noch erkennbar. Wohl am Anfang des 17. Jahrhunderts als regionaltypisches Bauernhaus und in Fachwerk errichtet, weist sein tonnengewölbter Keller auf einen noch früheren Ursprung hin.

Wir fahren nun wieder zur Kreisstraße zurück, queren sie, um auf dem gegenüber liegenden sandigen Feldweg nach Weisin zu radeln. Wir passieren wieder einen Schienenstrang, fahren immer geradeaus, ohne abzubiegen und erreichen schließlich Weisin. Wir bleiben auf der Dorfstraße bis zum Wegweiser „Bobziner Schleuse". Diesem folgen wir links abbiegend und kommen so am Gutshof und Gutshaus vorbei. Ursprünglich schon 1590 nahe den Feldern entstanden, brannte 1687 die alte Burg Weisin

TOUR 10: Auf den Spuren alter Herrensitze
Ausgangspunkt: Lübz   ca. 35 km

ab, deren Ruinen vor 130 Jahren noch standen. Der Neubau des Herrenhauses erfolgte 1689 an anderer Stelle und wesentliche Teile, vor allem die Kubatur und die Hoffront des Hauses, stammen aus dieser Zeit. Die Rückfront ist im 19. Jahrhundert grundlegend verändert worden. Sie zeigt fast einen Villencharakter und bezieht die Eldelandschaft im Sinne der Romantik mit ein. Wir setzen unseren Weg über eine kleine Brücke über die alte Elde fort. Eine Hinweistafel verweist auf die Besonderheiten dieses Naturschutzgebietes. Jenseits der Brücke tauchen wir in einen herrlich schattigen Buchenwald ein und biegen gleich rechts auf einen Sandweg ab. Dieser führt uns zur höchsten Kammerschleuse Norddeutschlands, zur Bobziner Schleuse. 6,90 Meter Höhenunterschied überwinden hier die Wasserwanderer mit Hilfe des Technischen Denkmals. Das hier auch schon früh die Wasserkraft zur Stromerzeugung genutzt wurde, verraten einige backsteinerne Wirtschaftsgebäude. Legen Sie ruhig eine kleine Rast ein und beobachten einmal den Vorgang einer Schleusung.

Wir setzen den Weg, der nun als Betonspurbahn ausgelegt ist, über die Schleuse fort. Wenn wir den Wald verlassen, grüßt uns schon der Ort Bobzin aus der Feldflur. Vorbei an einigen schmucken neuen Häuschen erreichen wir auf dem Hügel das alte, heute leider ungenutzte Gutshaus, ein repräsentativer Backsteinbau von der Mitte des 19. Jahrhunderts mit mittelalterlichen Architekturzitaten. Am Gutshaus biegen wir rechts ab und erreichen über die kleine Asphaltstraße wieder die Kreisstraße nach Lübz. Diese überqueren wir, um auf dem parallel zur Bundesstraße verlaufenden Radweg rechts nach Lübz den Riederfelder Berg hinunter zu radeln. In Lübz schließt sich dann der Kreis und hier geht auch unser heutiger Tagesausflug auf den Spuren alter Gutshäuser zu Ende.

Essen? Vielleicht im Le Bistro, direkt am Marktplatz!   ■

TOUR 11: Auf den Spuren alter Herrensitze

Ausgangspunkt: Plau am See ca. 44 km

Plau am See - Quetzin - Leisten - Karow - Zarchlin -
Plauerhagen - Daschow - Daschower See - Kuppentin -
Altenlinden - Barkow - Schlemmin - Reppentin - Gaarz -
Appelburg - Plau am See

Auf den Spuren alter Herrensitze
Gutshäuser im Plauer Land

Unsere Tour auf den Spuren alter Herrensitze beginnt in Plau am
See, auf dem Burghof. Wie der Name schon sagt, sind hier die
Reste der Plauer Burg zu sehen, übrigens einem der ältesten
Herrschaftssitze des heutigen Ausflugs. 1287 wurde hier ein kleines
fürstliches Schloss errichtet. Zu damaliger Zeit war der Wasser-
stand des Plauer Sees wesentlich höher als heute, so dass das
Schloss auf einer Insel im Wasser angelegt werden konnte.
Aufgrund ständiger Fehden und Raubzüge märkischer Raubritter
wurde das Schloss 1448/49 vom Knappen Lüdecke Hahn auf
Basedow zur Burg umgebaut. In der Folge kam es dann zu zahlreichen Belagerungen
der Stadt. Allein im 30jährigen Krieg wurde die Stadt acht Mal belagert und min-
destens doppelt so oft geplündert. Die Plauer Bürger mussten also sehr unter den
Folgen der Anlage dieser Burg leiden. 1660 erreichten die Bürger endlich die
"Landesherrliche Genehmigung" zur Schleifung ihrer Festungsanlagen. Bis heute
blieben aber der etwa 12 Meter hohe Burgturm und der Burgwall erhalten.
Im Burgturm, der früher das Burgverlies beherbergte, finden Sie heute ein kleines
Heimatmuseum. Zu diesem Museum gelangt man über einen schmalen Wehrgang
in der Stadtmauer - und Sie werden reichlich belohnt mit einem einzigartigen
Rundblick auf die Stadt Plau am See.
Aber nun geht es hinaus in die Landschaft: Wir verlassen die Stadt in Richtung
Norden entlang der Uferpromenade des Plauer Sees, vorbei an modernen
Kliniken, in Richtung Quetzin. Gegenüber den Kliniken finden wir in den Quetziner
Tannen einen etwa 1,5 Kilometer langen Naturlehrpfad, der viel Wissenswertes
und Unterhaltsames bietet.
Das Dorf Quetzin durchlebte eine sehr bewegte Geschichte. Nach dem 30jährigen
Krieg gab es hier nur noch vier Bauernhöfe. Im 18. Jahrhundert entstanden dann

TOUR 11: **Auf den Spuren alter Herrensitze**

Ausgangspunkt: **Plau am See**   ca. 44 km

fünf Büdnereien. Die Büdnerei II gegenüber dem Rosenhof, wo es sich übrigens gut speisen lässt, zeugt noch heute vom einstigen Aussehen dieser stroh- bzw. riedgedeckten Büdnereien. Vom Quetziner Badestrand aus sehen wir die Kohlinsel, die einzige Insel des Plauer Sees. Bereits im 9. Jahrhundert war sie als slawische Inselburg Mittelpunkt des Siedlungsraumes. 1170 nochmals urkundlich erwähnt, ging diese Burg bald darauf unter und wurde von der Burg Plau abgelöst. Quetzin ist also älter als die Stadt Plau!

Von Quetzin aus folgen wir weiter der Uferlinie des Plauer Sees, bis wir am Ende der Leistener Lanke, einer langgezogenen Bucht des Plauer Sees, auf die Bundesstraße 103 treffen. Hier befindet sich die Schauimkerei Neumann, in der man alles rund um fleißige Bienenvölker, goldenen Honig, Blumen und das Imkerhandwerk erfahren kann.

Wir folgen der B 103 bis zum Dortchen Leisten, wo wir rechts abbiegend am Ende der kastaniengesäumten Stichstraße auf das Gutshaus treffen. Es wurde 1876 auf das Gewölbe seines Vorgängerbaus aus dem 13./14. Jahrhundert gesetzt. Von der Gutsanlage mit den Wirtschaftsgebäuden blieb lediglich der imposante neubarocke Speicher zurück. Dieser für Mecklenburg wohl einmalige Bau legt beredtes Zeugnis des gründerzeitlichen Prunks an einem Wirtschaftsgebäude ab. Leider ist sein Erhaltungszustand sehr schlecht.

Wir verlassen nun Leisten auf dem Weg, auf dem wir gekommen sind, durch den Tunnel der schattigen Kastanienallee. Wir queren die Bundesstraße und folgen einem alten, holprigen Landweg, überqueren die Bahnschienen und biegen am nächsten Abzweig rechts in Richtung Karow ab. Auch dieser Feldweg wird von zahlreichen alten, imposanten Bäumen gesäumt. In Karow angekommen biegen wir links ab und sehen bald rechter Hand das Karower Schloss. Auch dem Laien fällt sofort auf, dass es eigentlich zwei Gebäude unterschiedlicher Bauepochen sind. Der ältere, klassizistische Bau stammt wahrscheinlich aus den Jahren um 1788. Erst gut 100 Jahre später, nämlich 1906/07 entstand dann der jüngere neubarocke Bau nach Plänen des Berliner Architekten, Hofbaurat Ernst von Ihne für Johannes Schlutius, dem das Gut und andere Besitzungen in der Umgebung von Karow ab 1899 gehörten. Umgeben wird das Ensemble von einem Gutspark mit einem kleinen Teich. Nordwestlich des Herrenhauses liegt die weiträumige Hofanlage mit den Wirtschafts- und Verwaltungsgebäuden, deren optischer Mittelpunkt ein zweitürmiger Speicher ist. Die Hofanlage ist wohl im Zusammenhang

TOUR 11: Auf den Spuren alter Herrensitze
Ausgangspunkt: Plau am See   ca. 44 km

mit dem Neubau des Gutshauses erweitert worden. Die Gebäude sind in ihrer Architektur alle dem Jugend- und Heimatstil der Zeit um 1900 verpflichtet. Die meisten Gebäude sind 1996 rekonstruiert und renoviert worden. Der Gutshof ist eine der wenigen Anlagen, die bis jetzt in ihrer Struktur und mit den Bauten erhalten ist und als Gut Karow weiter im Familienbesitz Schlutius geführt wird.

Bevor wir unsere Tour planmäßig fortsetzen, noch ein kleiner Tipp: Nahe der B 192, die in den 70er Jahren als Umgehungsstraße durch den Park und die „alte Gutsanlage" geführt wurde, finden wir in Richtung Malchow, noch vor der Ampelkreuzung, in einem Buchenwäldchen ein vom Plauer Bildhauer Wilhelm Wandschneider geschaffenes Mausoleum für den 1910 verstorbenen Gutsherren Johannes Schlutius - leider ist dieses imposante Denkmal in einem sehr schlechten Zustand.

Wir verlassen Karow in entgegengesetzter Richtung, fahren vorbei am Gut, biegen links ab in Richtung Zarchlin und folgen dabei der ruhigen Kreisstraße.

In Zarchlin finden wir das nächste Herrenhaus: Auch dieser 1870 entstandene Bau fußt wohl auf den Fundamenten eines Vorgängerbaus und ist im Stil der Neurenaissance geschmückt. Wir verlassen Zarchlin über die Dorfstraße, um nach wenigen Kilometern rechts abbiegend nach Plauerhagen zu fahren. Schon von weitem weisen uns die Windräder von Plauerhagen den Weg. In Plauerhagen biegen wir im Dorf rechts in Richtung Daschow / Kuppentin ab, vorbei an der rekonstruierten Dorfkirche aus dem Jahre 1783/84. Der schlichte Fachwerkbau wird von einer Feldsteinmauer umgrenzt. Von Plauerhagen führt uns ein asphaltierter Radweg direkt nach Daschow. Am Ende der Dorfstraße sehen wir das nächste Gutshaus. Der in der Grundhaltung klassizistisch angelegte Bau bezog seinen Schmuck sowohl an der Fassade als auch im Innenraum aus dem Fundus der Neurenaissance. Die Raumstrukturen sind weitgehend erhalten. Am besten Sie überzeugen sich selbst auch vom Inneren des kürzlich renovierten Gutshauses, denn hier kann man vorzüglich speisen oder Quartier beziehen. Auch ein Spaziergang um den kleinen, romantischen Daschower See ist sehr zu empfehlen.

Vom Daschower Gutshaus aus geht es nun zurück auf die Kreisstraße weiter nach Kuppentin. Im „Ort der Kobolde", so die sinngemäße Übersetzung des slawischen Dorfnamens, finden wir neben einer der ältesten und architekturgeschichtlich bedeutsamen Dorfkirchen Mecklenburgs auch ein Gutshaus. Es liegt am Ende der

TOUR 11: **Auf den Spuren alter Herrensitze**
Ausgangspunkt: **Plau am See**   ca. 44 km

abbiegenden Hauptstraße im Dorf. Der Hauptbau des Gutshauses erhielt am Ende des Klassizismus seinen neugotischen Charakter zusammen mit dem Zwischenglied, einem mit gusseisernen Säulen versehenen Verbindungsbau. Um unsere Tour fortzusetzen, fahren wir ein Stück des Weges zurück und folgen am Ende des Dorfes nicht der abbiegenden Kreisstraße, sondern einem geradeaus führenden Feldweg. Nach wenigen Metern, am Ende des Wäldchens, noch vor zwei Gehöften, biegen wir rechts ab und gelangen durch die abwechslungsreiche Feldflur nach Altenlinden. Das Gutshaus, einst ein ehrwürdiger Fachwerkbau, wurde am Ende der 80iger Jahre abgebrochen. Über die größtenteils erhaltenen Nebengebäude, die z.T. als Wohnungen oder landwirtschaftlich genutzt werden, lässt sich die Existenz eines Gutshauses noch erahnen. Von Altenlinden aus geht die Fahrt weiter auf der asphaltierten Kreisstraße, die heute direkt über den Standort des ehemaligen Gutshauses führt. Wir überqueren die Elde nahe einer der zahlreichen Schleusen der Müritz-Elde-Wasserstraße in Richtung Barkow.

TOUR 11: Auf den Spuren alter Herrensitze
Ausgangspunkt: Plau am See   ca. 44 km

Dann müssen wir rechts abbiegen und kurz der Bundesstraße folgen. Direkt an dieser Verkehrsader finden wir hinter einer mächtigen Trockenmauer das Gutshaus, das heute als Hotel geführt wird. Da das Grundstück bis an die Elde reicht, werden hier auch Kanutouren vermittelt und organisiert und es können Kanus für eine Fahrt auf Mecklenburgs längstem Fluss ausgeliehen werden. Wir aber überqueren per Rad die Bundesstraße und folgen der gegenüberliegenden Dorfstraße, die uns wieder hinaus in die reizvolle Landschaft führt. Vorbei an zahlreichen Feldern und einen abwechslungsreichen Mischwald streifend, gelangen wir über naturbelassene Feld- und Waldwege direkt nach Schlemmin. Hier biegen wir links auf die Dorfstraße ein und folgen ihr abermals links abbiegend. Dann stehen wir vor dem Gutshaus. Gegenüber finden wir mächtige Wirtschaftsgebäude und erkennen die beeindruckende Größe und Weiträumigkeit der Anlage. Das Gutshaus erhielt seine Gestalt erst um 1876, im Zusammenhang mit der Errichtung dieser Wirtschaftsgebäude. Auch dieses Haus hatte vermutlich einen Vorgänger. Die strenge Architektur ist außerordentlich diszipliniert aus einem mittelalterlichen Formenkatalog geschmückt.

Wir radeln weiter den asphaltierten Landweg entlang und queren die Schlemminer Tannen, einen herrlichen Forst mit weiten, naturnahen Buchenwaldabschnitten an der Strecke. Beim Verlassen des Waldes sehen wir am Horizont schon die Plauer Stadtkirche. Wir folgen der Straße noch ein Stück durch die Felder und biegen dann rechts nach Reppentin - Gaarz ab. In Reppentin, dem nächsten Dörfchen an unserer Route, biegen wir links zur Dorfstraße ab. Hier stoßen wir auf ein weiteres Gutshaus, dessen Zustand jedoch zur Zeit fast erschreckend ist. Der 1748 errichtete Bau ist im Geiste des Barock entstanden. Bei einem Umbau 1847 wurden klassizistische Details hinzugefügt und 1907 entstand der hölzerne Eingangsvorbau. Bleibt zu hoffen, dass dieses stolze, über 250 Jahre alte Haus noch gerettet werden kann. Wir radeln nun weiter nach Gaarz. Ehemals als Hof Gaarz ist heute der Gutshof mit seinen Katen in der Struktur noch erhalten. Das Gutshaus, baufällig geworden infolge unterlassener Instandsetzung, wurde bereits Ende der achtziger Jahre abgebrochen. Ein bewachsener Hügel markiert den Standort im verwilderten Park, den große Bäume noch ausweisen. Die erhaltenen nördlichen Nebengebäude beherbergen Wohnungen, und das südliche, langgestreckte Gebäude, der Kuhstall, existiert ebenfalls noch. Die vier giebelständigen Gutskaten,

TOUR 11: **Auf den Spuren alter Herrensitze**

Ausgangspunkt: **Plau am See**   ca. 44 km

östlich etwas erhöht liegend, sind zusammen mit der Kopfsteinpflasterstraße erhalten geblieben. Über dieses Kopfsteinpflaster und einen sandigen Feldweg verlassen wir das Dorf und kommen zur Bundesstraße, der wir nun links abbiegend in Richtung Plau folgen.

In Appelburg, am Fuße eines kleinen Hügels, den wir hinabrollen können, finden wir linkerhand, kurz vor dem Plauer Stadtwald, das letzte Gutshaus der heutigen Tour. Ein Gebäude des tradierten Bauernhaustyps wurde erweitert und so entstand das Mansarddach. Auf der Ostseite tragen glatte Säulen das Dach und bilden eine offene Halle. Die Appelburg entstand als Wehranlage gegen die nahe Mark Brandenburg. Bereits 1505 wird sie als Pachtgut der Stadt Plau erwähnt. Nach mehrfachen Zerstörungen des Anwesens entstand dann 1823 das Gutshaus. Gegenüber dem Gutshaus finden wir am Waldrand noch eine alte Landwehr. Auch sie diente dem Schutz des Plauer Viehs auf den Waldwelden vor Übergriffen brandenburgischer Raubritter. Wir folgen nun der Uferpromenade des Plauer Sees, den wir inzwischen erreicht haben, nach Plau. Hier haben wir dann mehrfach Gelegenheit, in Gaststätten einzukehren oder ein erfrischendes Bad in den kühlen Fluten des Plauer Sees zu nehmen. ■

TOUR 12: Auf den Spuren alter Herrensitze

Ausgangspunkt: Goldberg ca. 31 km

Goldberg - Hof Hagen - Langenhagen - Sehlsdorf - Grambow - Brüz - Unterbrüz - Diestelow - Woosten - Kressin - Neu Poserin - Wendisch Waren - Finkenwerder - Goldberg

**Auf den Spuren alter Herrensitze
von Gutshäusern und anderen Liebenswürdigkeiten in
und um Goldberg**

Am Goldberger Heimatmuseum, das bis 1848 eine Wassermühle war, beginnen wir unsere Tour. Einen Blick in das Heimatmuseum sollten Sie sich vornehmen, es ist sehr empfehlenswert. Heute wollen wir aber auf den Spuren der Herrensitze radeln. Wir fahren also die Amtsstraße entlang zum Amtsgebäude. Dieses war ehemals der Fürstensitz der Familie Werle zu Goldberg. Ursprünglich befand sich hier eine Burg aus der Slawenzeit, die 1316 zur Residenz ausgebaut wurde. Von diesem dreiteiligen, in Hufeisenform angelegten Schloss steht heute nur noch das Frontgebäude. Der Fachwerkflügel wurde Ende des 18. Jahrhunderts anstelle eines abgerissenen Teiles errichtet. Zu dieser Zeit diente das Schloss bereits als Amtsgebäude. Der Eckturm erhielt erst zum Ende des 19. Jahrhunderts seine heutige Form.

Wir folgen nun rechts ab dem Verlauf der Amtsstraße bis zur Langen Straße (B 192), überqueren diese und fahren zur Kirchenstraße. Die Stadtkirche ist ein im Ursprung gotischer Backsteinbau aus dem Jahre 1290. Drei Glocken befinden sich im vorgesetzten dreistöckigen Turm, dessen Mauerwerk mit Granitsteinen durchsetzt ist, die im Volksmund „Klatschsteine" genannt werden, denn mit etwas Fantasie kann man tratschende Menschengestalten erkennen.

Wir fahren weiter die Kirchenstraße entlang, über die Kampstraße zur alten Molkerei und einigen Goldberger Villen. Wir biegen links in die Bahnhofsstraße ein und kommen zur Lübzer Straße. Links sehen wir das alte Backstein-Postgebäude. Wir biegen rechts ab und hinter den Bahnschienen wieder rechts und schlagen den Weg zur alten Fabrik ein. Auch wenn dieser Weg nicht besonders gut ist, wir ersparen uns durch ihn die vielbefahrene Kreuzung am Ende der Lübzer Straße.

TOUR 12: **Auf den Spuren alter Herrensitze**
Ausgangspunkt: **Goldberg**   ca. 31 km

An der ehemaligen chemischen Fabrik macht der Weg einen Knick nach links und führt uns zur Landstraße (L 15). Wir biegen rechts ab. Vorsicht, diese Straße ist viel befahren. Nachdem wir am Goldberger Gewerbegebiet vorbei geradelt sind, können wir auf der Anhöhe links abbiegend die Landstraße wieder verlassen, und zwar nach Hof Hagen. Kurz vor dem Dorf kommen wir durch eine geschützte Eichenallee. In Hof Hagen finden wir ein Gutshaus. Die Hofstruktur des ehemaligen Gutes ist nicht mehr erkennbar. Das Gutshaus, in der typischen, mecklenburgischen Tradition, im Ursprung Mitte des 18. Jahrhunderts errichtet, schloss den Hof im Osten ab. Wie viele Gutshäuser wurde auch dieses in seinem Äußeren mehrfach verändert: Zwerchgiebel und Vorbau sind Veränderungen aus verschiedenen Zeiten des 19. bzw. 20. Jahrhunderts. Wir biegen rechts ab nach Langenhagen und kommen an den Tagelöhnerkaten vorbei. Schon wenn man Langenhagen erreicht, sind die „Langenhägener Seewiesen" unübersehbar. Dieses junge Naturschutzgebiet bietet zu jeder Jahreszeit zahlreiche Möglichkeiten der Wasservogelbeobachtung. Besonders beeindruckend ist die Rast mehrerer tausend Kraniche im Herbst. Die Naturkontaktstation in der um 1830 erbauten ehemaligen Dorfschule bietet zahlreiche Informationen zum Gebiet und seiner Naturausstattung.

Der Weg teilt sich nun in die Richtungen Sehlsdorf und Augzin. Auch wenn wir nach Sehlsdorf wollen, biegen wir in Richtung Augzin ab, denn wir wollen den Sehlsdorfer Forst nicht außer Acht lassen. Durch den Forst fahren wir bis zur ausgeschilderten Kreuzung und biegen erst dort links ab nach Sehlsdorf. Wir kommen an einem Waldlehrpfad vorbei. Im Sehlsdorfer Forst wächst die „Hundeeiche" mit einem Stammumfang von 6,50 m. Auch Hügelgräber, Moore und Sümpfe sind dort zu finden. Im Buchenwald auf der Strecke von Techentin nach Sehlsdorf befindet sich rechts der „Alte Friedhof". Diese Grabanlage ist vermutlich schon 1200 - 800 v. Chr. in der Bronze- und Eisenzeit entstanden. In Sehlsdorf selbst biegen wir links ab. Das dortige Gutshaus diente von 1952 - 1958 als Schule. Das Gewölbe des Kellers und Ziegel im Klosterformat beweisen entweder das Alter des immer noch ehrwürdig erscheinenden Fachwerkhauses oder sind Indiz für einen Vorgängerbau. Der hofseitige Vorbau aus dem Jahre 1921 hat die für diese Zeit typischen Architekturglieder. Aus dieser Zeit stammen auch die Arbeiterhäuser, die sich an die alten Gutskaten anschließen.

Weiter geht es nach Grambow, wo wir links der Straße das nächste Gutshaus

TOUR 12: Auf den Spuren alter Herrensitze

Ausgangspunkt: Goldberg   ca. 31 km

finden, das von einem Bildhauer und Schmuckdesigner bewohnt wird. Das traditionell erbaute, altehrwürdige Haus, anfangs gänzlich in Fachwerk ausgeführt, mit seinem hohen Krüppelwalmdach, entstand wohl Anfang / Mitte des 18. Jahrhunderts oder sogar früher. Die beeindruckend großen Kellerräume mit dem flachen Kellergewölbe lassen allerdings auch schon einen Vorgängerbau vermuten. Mit der Erweiterung des Gutes um 1866 wurde wohl auch der historistische Giebel eingefügt und die Hoffront verputzt. Wahrscheinlich wurde zu dieser Zeit auch der Landschaftspark unter Berücksichtigung der speziellen Topografie angelegt.

Wir fahren jetzt zur L 17, überqueren diese und kommen so nach Unterbrüz mit seiner imposanten Kirche aus dem 13. Jahrhundert. Das Pfarrhaus, das Predigerwitwenhaus und der Schulanbau sind neben der Kirche die einzigen Gebäude, die nach einem Großbrand vom alten Dorf, dem ehemaligen Bruiseuitz (Brüz), geblieben sind. Das jetzige Brüz ist der später entstandene Hof.

Wir wenden uns wieder nach links und fahren auf einem ausgeschilderten Landweg nach Diestelow. Zum Gut gehörte der weitläufige Landschaftspark mit dem Rosengarten und dem kleinen See. Die großräumige Gutsanlage ist in ihrer Struktur im wesentlichen erhalten. Das Gutshaus stand am Ende des Hofes und trennte diesen vom Park. Leider ist davon nichts mehr zu sehen. Aber eine „Bierstube am See" lädt zu einer kleinen Rast ein. Anschließend fahren wir durch das Dorf bis zur Kreuzung. Dort biegen wir erst rechts und kurz darauf links ab, um nach Woosten zu kommen. Die Straße dorthin ist etwas hügelig, wodurch uns ab und zu recht hübsche Ausblicke gewährt werden. Wir sehen links den Woostener See mit seiner unter Naturschutz stehenden Insel. Sie darf nicht betreten werden, weil sie Brutgebiet für zahlreiche Vogelarten ist. Gleich beim Hineinfahren ins Dorf kommen wir an der schlichten Backsteinkirche aus dem Jahre 1269 vorbei, die im romanisch-gotischen Übergangsstil auf einem Feldsteinsockel errichtet wurde. Der Fachwerkturm wurde später angebaut. Wir biegen links ab, am Dorfteich wieder rechts und kommen zum Rest der einstigen Gutsanlage. Das Gutshaus stand erhöht im Park, von einem Wasserlauf umgeben, südöstlich des Gutshofes. Bereits vor 1945 plante man den Umbau des Hauses und zog es deshalb leer. Der Abbruch nach dem Krieg war dann wohl unvermeidlich. Der Pferdestall, das nordöstliche traufständige Gebäude, wurde damals zum Wohnhaus umgebaut und wird bis heute noch so genutzt.

An der Brücke zur „Insel" wächst eine Winterlinde, die wahrscheinlich aus mehreren Stämmen zusammengewachsen ist. Vom Dorfteich aus fahren wir links ab zurück zur Kreuzung und dann weiter geradeaus durchs Dorf. Wir kommen an den Tagelöhnerkaten vorbei. Am Dorfende geht es links durch den Wald nach Kressin. Die Straße ist allerdings schon sehr beschädigt. Auch in Kressin gibt es ein sehenswertes Gutshaus, das die neugotische Gesinnung seiner Erbauer dokumentiert. Um dorthin zu kommen, biegen wir rechts ins Dorf ein und fahren bis zum Dorfende. Das Herrenhaus befindet sich in Privatbesitz. Im dazugehörigen Park wächst ein hier seltener Gingkobaum, der ja eigentlich in China beheimatet ist und selbst dort nur in einer bestimmten Gegend vorkam. Mönche haben diese Bäume vermehrt und auf Pilgerfahrten erst innerhalb Chinas und später auch in anderen Ländern verbreitet.

Wir fahren nun durch das Dorf zurück und dann geradeaus weiter an den Siedlerhäusern vorbei zur Kreuzung. Dort biegen wir links ab nach Neu Poserin. Am Dorfeingang weist uns ein Schild schon auf den dortigen Gutspark hin. Wenn wir nun links ab in das Dorf fahren, kommen wir abermals an einem großen Gutshaus vorbei. Es diente lange Zeit als Altersheim, steht aber nun leer. Der Umbau des im Ursprung klar gegliederten Gebäudes datiert aus der Zeit nach 1850 und ist in die Neurenaissance einzuordnen. Der Turm erinnert an florentinische Vorbilder. Wir folgen der Straße weiter bis zu den Neubauten. Links gibt es die Gaststätte „Fuchsbau", wo die Möglichkeit besteht, etwas zu essen. Rechts ab und gleich wieder links auf einem Landweg geht unsere Tour weiter. Vorsicht, der Weg geht stellenweise steil bergab. Hier kommen wir zum Ziegeleiweg von Wendisch Waren. Von der Ziegelei ist leider nichts mehr vorhanden. Sie wurde bereits in den 70er Jahren geschlossen und später abgebrochen. Wir biegen rechts ab in Richtung Dorf. Im Dorf treffen wir auf die B 192, der wir von nun an in Richtung Goldberg folgen. Auf unserem Weg nach Goldberg zurück streifen wir Finkenwerder. Links ab führt der Weg zum Finkenwerder Hof, der heute als Ferienzentrum dient. Das vormals neubarocke Gutshaus, auf einer kleinen

TOUR 12: Auf den Spuren alter Herrensitze
Ausgangspunkt: Goldberg   ca. 31 km

Erhebung stehend, brannte 1945 ab und ein sehr bescheidenes Haus wurde an gleicher Stelle errichtet.

Wir folgen weiter der B 192. Rechts begleitet uns die Sicht auf den Goldberger See. Wir kommen an der Ruine einer Galerie-Holländerwindmühle vorbei und biegen rechts ab, um über die Werderstraße nach Goldberg zu kommen. Am Ortseingang können wir rechts ab durch den Park fahren. An der nächsten Straße haben wir die Möglichkeit, die alten Schulen von Goldberg zu betrachten. Dazu biegen wir links ab zum Schützenplatz. Die John-Brinckman-Schule wurde 1906 erbaut. Der niederdeutsche Dichter, nach dem sie benannt wurde, war von 1846 - 1849 Leiter der damaligen Privatschule in Goldberg. Er wohnte in der Langen Straße, wo eine Gedenktafel auf sein damaliges Wohnhaus hinweist. Die andere Schule, ein Backsteinbau aus dem Jahre 1840, wurde als Schützenhaus erbaut. Es befindet sich auf der linken Seite des Schützenplatzes. Der Schützenplatz dient den Goldbergern heute auch als Marktplatz. Goldberg ist nämlich die einzige mittelalterliche Stadtgründung, die keinen richtigen Marktplatz besitzt. Über die Schulstraße fahren wir nun zurück, biegen links in die Parkstraße ein und kommen auf geradem Weg wieder zurück zum Heimatmuseum, wo unsere Tour endet. ■

TOUR 13: Goldberger Blicke

Ausgangspunkt: Goldberg   ca. 30 km

Goldberg - Goldberger See - Neu Schwinz - Lüschow - Lüschower See - Dobbertin - Dobbertiner See - Dobbin - Alten Mühle - Mildenitzdurchbruchstal - Walddorf Kläden - Schwarzer See - Below - Techentin - Zidderich - Steinbeck - Goldberg

Goldberger Blicke
auf Kirchen und Klöster - Natur und Kultur

Wir treffen uns in Goldberg an der Stadtkirche. Die schlichte, einschiffige Kirche, ein gotischer Backsteinbau, wurde um 1290 erbaut. Ein durch Blitzschlag ausgelöster Brand im Jahre 1643 zerstörte den größten Teil des Gotteshauses. Nach dem Ende des 30jährigen Krieges begann der Wiederaufbau. Es fehlte aber an Mitteln, um die Kirche wieder so prächtig entstehen zu lassen. Seither schließt statt der ehemals gewölbten Decke eine flache Bretterdecke den Innenraum ab. Ein schöner Spitzbogen des Ursprungsbaus ist allerdings im Inneren noch erhalten. An Nord- und Südseite gibt es Vorbauten, die Aufgänge zu den im 18. Jahrhundert angefügten Emporen. Das Gotteshaus beherbergt eine Friese-Orgel aus dem Jahre 1876 und eine große Messing-Taufschale aus dem Jahre 1661. An der Ratsempore prangt das Goldberger Stadtwappen. Der dreistöckige Kirchturm mit seinen drei Glocken wurde erst nach 1752 wieder aufgebaut. Übrigens gibt es im Turm einen sehr versteckten Platz. Abgesondert vom Schiff der Kirche steht in einer Ecke eine Bank, von der man früher durch ein Fenster in die Kirche sehen konnte. Dies soll der Platz des Scharfrichters gewesen sein. Sein Beruf galt als unrein und so durfte er den Kirchenraum nicht betreten. Gegenüber der Kirche finden wir das Pfarrhaus, einen hübschen Ziegel-Fachwerk-Bau.

Wenden wir uns nun unserem eigentlichen Tagesausflug zu: Wir verlassen den Kirchplatz, überqueren die Kirchenstraße und fahren zur Langen Straße. Links werfen wir einen Blick auf das 1828 erbaute Rathaus, dessen neugotisches Türmchen erst 25 Jahre später aufgesetzt wurde. Im Geländer des Balkons erkennen wir wieder das Stadtwappen Goldbergs. Wir überqueren nun die Lange Straße und fahren die Schulstraße entlang. Dabei kreuzen wir die Jungfernstraße, wo wir rechts die katholische Kirche sehen, die 1845 als jüdische Synagoge erbaut worden war. Sie ist ein wuchtiger Saalbau mit vorgesetztem Westturm. 1956 wurde die Fassade in neugotischem Stil umgebaut. Wir folgen nun der Schulstraße, passieren die Schulen am Schützenplatz und biegen schließlich in die Parkstraße ein. Wenig später kommen wir am Heimatmuseum vorbei, das als ehemalige Wassermühle die Kraft des fließenden Wassers der Mildenitz nutzte. Der Goldberger Kunstmaler Heinrich Eingrieber gründete 1927 das Museum. Heute beherbergt der eingeschossige Fachwerkbau beachtliche, liebevoll präsentierte Exponate der Natur- und Heimatgeschichte der Umgebung.

Geradeaus über den Müllerweg erreichen wir die Güstrower Straße, in die wir rechts einbiegen. Am Ortsende stoßen wir auf einen asphaltierten Radweg, der uns zum Goldberger See führt. Dort gibt es Camping- und Bademöglichkeiten.

Vorbei an einem ehemaligen Armeeobjekt am Goldberger See führt uns ein ausgeschilderter Radweg nach Schwinz. An der Straße biegen wir jedoch nicht rechts nach Schwinz ab, sondern links, wo wir bald auf einen Rastplatz mit Spielmöglichkeiten für Kinder treffen. Von hier führt uns ein landschaftlich reizvoller Landweg nach Neu Schwinz. In Neu Schwinz ist ein Besuch der Fischräucherei „Straßburg" mit Verkostung der „Rauchware" zu empfehlen. Während dieser Rast kann man von der Räucherei aus den herrlichen Blick in die abwechslungsreiche Landschaft genießen. Wir fahren nun auf dem Landweg zur Straße zurück und biegen rechts ab. Nach einem kurzen Stück Straße biegen wir wieder rechts nach Lüschow ab. Dort kann man dem Landschaftsmaler Horst Meyn über die Schulter schauen. Er wohnt am Weg nach Dobbertin. Vorher können wir aber noch dem nahen Lüschower See mit seinem Steilufer einen Besuch abstatten. Der alte Landweg führt uns nun nach Dobbertin, dessen doppeltürmige Klosterkirche uns schon aus der Ferne grüßt. Wir kreuzen noch einmal die Bundesstraße, bevor wir die 1220 gegründete Klosteranlage Dobbertins erreichen. Zunächst als Benediktiner-Mönchskloster gegründet, wurde die Anlage schon zwischen 1230 und 1234 zum Nonnenkloster. Die lutherische Reformation setzte sich erst 1572 vor Ort durch. In der Folge erhielten die mecklenburgischen Landesstände das Kloster Dobbertin zur Versorgung ihrer ehelosen Töchter. Die Dobbertiner Klosterkirche ist die einzige doppeltürmige Kirche Mecklenburgs. Sie wurde zunächst noch turmlos im 14. Jahrhundert im gotischen Stil erbaut. 1828 - 1837 wurde sie nach Plänen von Karl Friedrich Schinkel durch den Baumeister Georg

TOUR 13: Goldberger Blicke

Ausgangspunkt: Goldberg   ca. 30 km

Adolph Demmler umgestaltet und erhielt so auch die Doppeltürme. Innen blieben große Teile des kreuzrippengewölbten Backsteinbaus und der barocken Innenausstattung erhalten. Von den südwestlich anschließenden Klostergebäuden sind der vierflügelige Kreuzgang und das zweischiffige Refektorium aus dem 13./14. Jahrhundert erhalten geblieben. Heute befinden sich in den Klostergebäuden ein Pflegeheim und eine Sonderschule, so wie angegliederte, geschützte Werkstätten. Sie können die Klosteranlage besichtigen, Führungen werden von dort direkt angeboten.

Der Dobbertiner See bietet neben Badestellen und Campingplätzen auch die Möglichkeit, seine landschaftlichen Reize während einer Tour mit dem Fahrgastschiff zu genießen. Von der Seeseite aus ist übrigens auch die Klosterkirche am besten zu sehen. Nach unserem Besuch in Dobbertin gibt es nun mehrere Möglichkeiten, um zur Schulstraße und somit zum Ortsausgang Richtung Dobbin / Below zu kommen. Eine wäre am See entlang an der alten Wassermühle vorbei, die nächste durch den Park ins Dorfinnere. Wir fahren die Lindenstraße und die Straße der Jugend entlang, wo schöne Backsteinbauten stehen. Es ist im Grunde eine durchgehende Straße, die an der alten Post eine Namensänderung erfährt. Im Gemeindebüro am Ende der Straße befindet sich die Touristeninformation.

Wir sehen auf der gegenüberliegenden Seite den Landgasthof „Zwei Linden", wo wir gegebenenfalls den Hunger bekämpfen können. Für eine Erfrischung kann das „Eiskaffee Kentzler" sorgen. Beachtenswert sind bei unserer Ausfahrt die beiden reetgedeckten Niederdeutschen Hallenhäuser an der Güstrower Chaussee. In diesen typischen alten Bauernhäusern lebten einst Mensch und Vieh unter einem Dach.

Über die Schulstraße verlassen wir nun Dobbertin. An der Asphaltstraße bis zum Abzweig Dobbin wachsen mächtige Robinien, die im Mai und Juni zur Blütezeit einen betörenden Duft verströmen. Hinter einem fast in die Straße hineinragenden Haus biegen wir nun rechts nach Dobbin ab. Der urtümliche Ort ist geprägt durch alte Lehm- / Fachwerk- und Backsteinhäuser, die um 1890 gebaut wurden, und von denen auch heute noch einige reetgedeckt sind. Dobbin wurde auf einer Halbinsel im ehemaligen Dobbiner See angelegt. Der See lässt sich heute nur noch erahnen. Er wurde bereits im 19. Jahrhundert entwässert. Die tiefer liegenden Wiesen, Dobbiner Plage genannt, rund um das höher gelegene Dorf, deuten seine Lage an. Schon zu Zeiten der Slawen und der Dobbertiner Mönche hatte man sich um die Trockenlegung und Nutzung der nassen Wiesen bemüht. Der Name Dobbiner Plage verweist auf die damit verbundene überaus harte Arbeit. Der mit Wacholder bestandene Hügel inmitten der Plage wird Paradieskoppel genannt. Er steht unter Naturschutz, da hier zahlreiche, seltene Pflanzen gedeihen. Wir müssen aber bereits am Dorfeingang von Dobbin links abbiegen, um nun zur sogenannten Alten Mühle und zum Mildenitzdurchbruchstal zu gelangen. Wir fahren bis zu einem breiten Weg und biegen dort rechts ab. Von der namensgeben-

den Mühle, einer Wassermühle, ist heute nichts mehr zu sehen. Wir treffen auf einen Parkplatz und Sitzgruppen sowie eine Karte mit Informationen über das Mildenitzdurchbruchstal. Die Mildenitz schlängelt sich übrigens von Karow bis zur Warnow durch eine Reihe kleiner Seen. Hier durchbricht das Flüsschen wildromantisch die Hügel der Endmoräne. Hier finden wir auch Informationen zum 1,5 km entfernten Walddorf Kläden, wo es ein Gehege mit Wildgänsen gibt und wohin wir gern einen Abstecher machen können. Man kommt unterwegs an alten, knorrigen Eichen vorbei, deren größtes Exemplar einen Stammumfang von über 7 Metern aufweist.

Aber zurück zur Alten Mühle: Hier beginnt ein Rundweg zum landschaftlich reizvollen Schwarzen See, der auch eine Bademöglichkeit bietet. Den Rundweg können wir in die Tour mit einbeziehen.

Planmäßig setzen wir nun unseren Weg von der Wassermühle aus kommend fort und biegen rechts ab, um einem Teil des oben genannten Rundwanderweges zu folgen. Wir passieren schließlich den Sandsee, der uns reizvolle Blicke gewährt. Wir fahren weiter und nehmen an den Bahngleisen den Weg nach links. Auf diese Weise gelangen wir nach Below.

Gleich am Ortseingang stoßen wir auf einen Ziegenhof. Im Kreuzungsbereich befindet sich auf der gegenüberliegenden Seite ein wunderschöner Dreiseithof. Das am Ende des Hofes quergestellte Wohnhaus wird seitlich von großen Wirtschafts- und Stallgebäuden flankiert. Mit dieser Hofform lehnte man sich an die

TOUR 13: Goldberger Blicke

Ausgangspunkt: Goldberg   ca. 30 km

Gutsstrukturen an, und der jeweilige Bauer brachte auf diese Art und Weise seine soziale Stellung im Dorf zum Ausdruck. In der Dorfmitte Belows finden wir eine spätgotische Feldsteinkirche aus dem Jahre 1299. Der hölzerne Turm mit seiner achteckigen spitzen Turmhaube beherbergt zwei alte Glocken (1496, 1556), was ausgesprochen selten ist, denn während der Weltkriege fielen sehr viele Glocken aus der Umgebung der Rüstungsindustrie zum Opfer. Als Besonderheit finden wir im Inneren der Kirche ganzflächige Wandmalereien aus der Erbauungszeit, die,

an der Nordwand beginnend, rechts umlaufend die Heilsgeschichte darstellen. Der Fries endet mit der Himmelfahrt und der Dreieinigkeitsdarstellung. Umrahmt sind die Fresken von gotischem Rankenwerk.

Die alte Belower Dorfschule, ein Backsteinbau am Ortsausgang Richtung Kadow, beherbergt die 1998 eröffnete Heimatstube mit Utensilien des Dorflebens vergangener Tage. Wir verlassen Below, vorbei am auf einem Schornstein thronenden Storchennest, in Richtung Techentin. In Techentin finden wir eine gotische Feldsteinkirche aus dem 14. Jahrhundert. Der aus einem Achteck gebildete Chor wurde wohl erst hundert Jahre später angebaut. Der hölzerne Turm entstand wahrscheinlich erst im 15. oder 16. Jahrhundert, als die Glocken einer Kirche sehr große Bedeutung hatten und weit zu hören sein mussten. Die Dorfbewohner entnahmen dem jeweiligen Glockenklang, ob zum Gottesdienst gerufen wurde, es einen Sterbefall gab, Katastrophenalarm war oder sogar, ob eine Braut auch als Jungfrau in die Ehe ging. Techentin hatte aber mit seinen Glocken kein Glück. Eine Glocke wurde 1566 zur Herstellung eines Uhrblattes nebst Zeiger für das Goldberger Amtshaus geholt. Zwei Glocken mussten nach Ludwigslust geliefert werden, eine, als diese Stadt zur Residenzstadt ausgebaut wurde, die zweite, als die katholische Kirche erbaut wurde. Und auch die Weltkriege forderten ihren Tribut. Einzig die kleinste Glocke mit einem Durchmesser von 65 cm aus dem Jahre 1850 blieb den Techentinern erhalten. Heute gibt es wieder zwei Glocken im Techentiner Kirchturm.

TOUR 13: Goldberger Blicke

Ausgangspunkt: Goldberg   ca. 30 km

Wir verlassen Techentin in Richtung Zidderich auf einem asphaltierten, heckenge-säumten Feldweg durch die hügelige Landschaft und gelangen so, rechts abbie-gend, nach Zidderich. Die Reste eines Gutsparkes lassen uns die Existenz eines früheren Gutshauses erahnen. Das alte Zidderich lag vormals auf einem Hügel am Dobbertiner See. Dort stand auch eine Kirche, die jedoch im 18. Jahrhundert abgebrochen wurde. Auf dem Acker sind noch Backsteinreste zu finden. Eine der Ziddericher Kirchenglocken kam vorübergehend nach Techentin.

Von Zidderich aus fahren wir jetzt zur L 15, die wir dann links ab nach Steinbeck wieder verlassen. Wir kommen auf einem Radweg über das Gelände der Agrar-genossenschaft direkt nach Goldberg. Wir überqueren wieder die Mildenitz. Ein Wanderweg zum Dobbertiner See, der an bronzezeitlichen Hügelgräbern vor-beiführt, zweigt unterwegs links ab.

Über den Bollbrügger Weg fahren wir in Goldberg ein. Wir streifen links die John-Brinckman-Straße, wo wir die 1980 eröffnete Walter-Husemann-Schule sehen. Hinter dem Supermarkt biegen wir rechts ab, halten uns dann links und fahren durch die Fritz-Reuter-Straße. Dabei kommen wir am rechts gelegenen Fritz-Reuter-Garten vorbei. Ein letztes Mal überqueren wir die Mildenitz und gelangen schließlich wieder zur Goldberger Stadtkirche, wo wir unsere Tour beenden.

Ein kleiner Tipp für Essen und Trinken: vielleicht in der Pension Michaelis in der Jungfernstraße. ■

Adressen

Sie finden in unserer Region zahlreiche Hotels, die individuelle Fahrradarrangements anbieten. Wenden Sie sich an die Tourist-informationen, sie vermitteln Ihnen gern Unterkünfte und helfen Ihnen bei der Planung Ihres Aufenthaltes.

- **Land & Seen Touristik GmbH**
  Zentrale Touristinformation
  Burgplatz 4 · 19395 Plau am See
  Tel. + 49 (0) 18055 - 45 67 8
  Fax: + 49 (0) 38735 - 41 42 1
  e-mail: urlaub@info-plau.de
  Internet: www.info-plau.de

- **Zweigstelle Touristinformation Lübz**
  Am Markt 23 · 19386 Lübz
  Tel. + 49 (0) 3 87 31 - 2 00 88
  Internet: www.info-luebz.de

- **Zweigstelle Informationsbüro**
  LEHM + BACKSTEINSTRASSE
  Am Bahnhof 2 · 19395 Ganzlin
  Tel. + 49 (0) 3 87 37 - 2 01 54

- **Fremdenverkehrsamt Goldberg**
  Langestr. 66 · 19399 Goldberg
  Tel. + 49 (0) 3 87 36 - 4 04 42

- **Touristinformation Dobbertin**
  Straße der Jugend 11 · 19399 Dobbertin
  Tel. + 49 (0) 3 87 36 - 4 11 33
  e-mail: dobbertin@amt-mildenitz.de
  Internet: www.all-in-all.com/1044.htm

Adressen

Agrarhistorisches Museum Alt-Schwerin
Alt Schwerin, Dorfstr. 21   Tel. 03 99 32 - 4 99 18

Bildhauer-Museum „Prof. Wilhelm Wandschneider"   Tel. 03 87 35 - 4 52 09
Plau am See, Kirchplatz 3   o.   03 87 35 - 4 51 10

Leinen- und Filzmanufaktur „ÜLEPÜLE" Retzow
Retzow, Dorfplatz 49   Tel. 03 87 37 - 2 01 24

Heimatmuseum Burgturm
Plau am See, Burgplatz 2   Tel. 03 87 37 - 4 65 27

Heimatmuseum Goldberg
Goldberg, Müllerweg 2   Tel. 03 87 36 - 4 14 16

Kloster Dobbertin
Dobbertin, Am Kloster   Tel. 03 87 36 - 8 61 00

Lehmmuseum Gnevsdorf
Gnevsdorf, Steinstr. 64A   Tel. 03 87 37 - 3 38 30

Wangeliner Garten
Wangelin, Nachtkoppelweg 1   Tel. 03 87 37 - 2 01 42

Mecklenburgische Brauerei Lübz GmbH
Lübz, Eisenbeissstraße 1   Tel. 03 87 31 - 3 62 61
Kostenlose Brauereibesichtigung:
täglich von 10.00 - 13.00 Uhr
nach vorheriger Anmeldung bis 30 Personen
Der Verkaufsshop ist geöffnet:
von 12.30 - 14.00 Uhr
www.luebzer.de

Naturparkverwaltung „Nossentiner / Schwinzer Heide"
Karow, Ziegenhorn 1   Tel. 03 87 38 - 7 02 92

Adressen

Planetarium Lübz
Lübz, Neuer Teich 6   Tel. 03 87 31 - 2 00 03

Stadtmuseum Amtsturm Lübz
Lübz, Am Markt 25   Tel. 03 87 31 - 2 34 75

Schauimkerei Neumann
Plau - Quetzin, Güstrower Chaussee   Tel. 03 87 35 - 4 52 25

Technisches Denkmal „Ziegelei Benzin"
Benzin, Ziegeleiweg 8   Tel. 03 87 31 - 80 59

Teerschwelergehöft Sparow   Tel. 0170 - 2 00 80 17

Wasserkraftwerk Bobziner Schleuse   Tel. 03 87 31 - 2 29 22

Wassermühle im Gebäude der Sparkasse Parchim/Lübz
Lübz, Mühlenstr. 25   Tel. 03 87 31 - 3 00

Rund um das Fahrrad

Plau am See

Fahrradverleih, Land & Seen Touristik, Plau am See   Tel. 01 80 55 - 4 56 78

Zweiradshop Schwenk, Steinstraße 38, Plau am See   Tel. 03 87 35 - 4 49 80

Fahrradhandlung Jürgens, Große Burgstraße, Plau am See   Tel. 03 87 35 - 4 01 83

Lübz

Rohde, Am Markt 1, Lübz   Tel. 03 87 31 - 2 25 46

Autoteile-Zweiradhandel Ziel, Scharnhorststr. 28, Lübz   Tel. 03 87 31 - 2 22 92

Goldberg

Höppner Zweiräder, Jungfernstr. 40, Goldberg   Tel. 03 87 36 - 4 03 06

Fotonachweis:

Carl Friedrich

Seite   Titelfoto und Umschlag
2, 6, 10, 16, 22, 25, 26, 27, 28, 29, 37, 38,
44, 54, 58, 68, 77, 80, 84, 85

Klaus Hirrich

Seite   21, 48, 60, 62, 71, 74

Udo Steinhäuser

Seite   5, 32, 42/43, 48, 53, 56, 65, 87, 88

Sabine Forejt

Seite   14

Liebe Leserin, lieber Leser,

wir hoffen, dass dieses Buch „Im Süden Mecklenburgs" für Sie eine interessante Lektüre und eine Hilfe war bei der Entdeckung der Region Lübz, Plau am See, Goldberg - dem Feriengebiet an der LEHM + BACKSTEINSTRASSE. Wenn Sie auf Ihrer Fahrt durch die Region selbst Neues entdeckt haben, Verbesserungen vorzuschlagen oder Kritik zu äußern haben, freuen wir uns sehr über Anregungen.
Schreiben Sie uns:

Buchberg Verlag   ·   Dorfstr. 8   ·   19395 Wangelin   ·   e-mail: BuchbergVerlag@epost.de

Wir danken für die freundliche Unterstützung

Stadtwerke Lübz GmbH